新能源与智能网联汽车维修技术彩色图解丛书

纯电动汽车
控制原理与故障诊断技术解析

主　编　鲁建华

副主编　郑尧军　单铭涛

参　编　万志平　甘　伟

主　审　杨宪福

机械工业出版社

本书以纯电动汽车故障诊断为主线，共8章，主要内容包括比亚迪秦EV低压上电故障诊断、高压上电故障诊断、行驶异常故障诊断、充电系统故障诊断、灯光系统故障诊断、车窗系统故障诊断、吉利帝豪EV450故障诊断、新能源新车型技术概述，分别从控制原理、诊断思路、具体故障点，以及新能源汽车的新技术等方面进行系统讲解。

本书第一至六章选用2020年款比亚迪秦纯电动车型；第七章选用吉利帝豪EV450车型，提供了大量控制原理图和控制电路图，实车测试、诊断、验证，原理分析，实车照片；第八章对上汽大众ID.4 X、比亚迪海豚和华晨宝马i3三款典型新能源车型的新技术进行概述。

本书可作为新能源汽车关键技术技能大赛、职业院校技能大赛汽车技术赛项电动汽车技术项目指导教师和选手的重要参考用书，也可作为具备一定故障诊断基础的新能源汽车维修技术人员进阶提高读物，以及新能源汽车相关专业师资培训教材。

图书在版编目（CIP）数据

纯电动汽车控制原理与故障诊断技术解析 / 鲁建华主编. —北京：
机械工业出版社，2023.8
（新能源与智能网联汽车维修技术彩色图解丛书）
ISBN 978-7-111-73473-4

Ⅰ.①纯… Ⅱ.①鲁… Ⅲ.①电动汽车－控制系统-故障诊断-图解
Ⅳ.①U469.72-64

中国国家版本馆CIP数据核字（2023）第128746号

机械工业出版社（北京市百万庄大街22号 邮政编码100037）
策划编辑：齐福江　　　　责任编辑：齐福江 丁 锋
责任校对：龚思文 李 婷　　封面设计：王 旭
责任印制：刘 媛
涿州市般润文化传播有限公司印刷
2023年9月第1版第1次印刷
184mm×260mm·9.75印张·222千字
标准书号：ISBN 978-7-111-73473-4
定价：89.00元

电话服务　　　　　　　　网络服务
客服电话：010-88361066　　机　工　官　网：www.cmpbook.com
　　　　　010-88379833　　机　工　官　博：weibo.com/cmp1952
　　　　　010-68326294　　金　书　网：www.golden-book.com
封底无防伪标均为盗版　　机工教育服务网：www.cmpedu.com

前　言

近年来，新能源汽车特别是纯电动汽车发展突飞猛进，全球新能源汽车产业已进入高速发展期。2020 年 10 月，国务院办公厅发布的《新能源汽车产业发展规划（2021—2035 年）》，开篇就指明发展新能源汽车是我国从汽车大国迈向汽车强国的必由之路，是应对气候变化、推动绿色发展的战略举措。2022 年，我国新能源汽车销量超 680 万辆，市场占有率提升至 25.6%，新能源汽车逐步进入全面市场化拓展期。

本书以纯电动汽车故障诊断为主线，基于编者多年一线维修经验，并结合教学过程中的经验，突出逻辑分析和实际检测，贴近一线实操特点，对纯电动汽车从低压上电、高压上电、行驶异常、交流充电等方面进行全面梳理。同时对每个故障点都列举测量过程，使读者更加清晰地了解实际检测步骤，更具可操作性。也可使读者在此基础上，举一反三，梳理出适合自己特点的诊断检测过程。同时在本书第八章对三款新能源新车型的新技术进行概述，使读者能更好地掌握新能源汽车最新的技术发展趋势。

本书由浙江工业职业技术学院鲁建华主编，在编写过程中，得到了广东番禺职业技术学院教师、国务院政府特殊津贴专家、世界技能大赛汽车技术项目专家杨宪福老师的指导帮助，同时得到了浙江工业职业技术学院老师的支持和帮助，在此一并感谢。

由于编者水平有限，书中难免存在疏漏之处，欢迎广大读者批评指正。

编　者

目 录

第一章

比亚迪秦 EV

低压上电故障诊断

一 控制原理分析

分析低压上电的控制原理，遥控钥匙控制、无钥匙进入和低压上电在钥匙信息交换上是相近的。因此，分析低压上电前，有必要先了解钥匙的控制原理。

1. 遥控钥匙控制

遥控钥匙控制门锁的原理如图 1-1 所示。

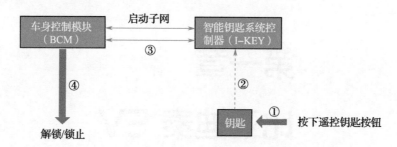

图 1-1　遥控钥匙控制门锁原理图

按下遥控钥匙，钥匙解锁或锁止控制过程为：按下遥控钥匙按钮→钥匙信号发送给智能钥匙系统控制器（I-KEY）→I-KEY 通过启动子网将该信号发送给车身控制模块（BCM）→BCM 收到该信号后，确认钥匙合法，则控制解锁或锁止车辆。

2. 无钥匙进入控制

无钥匙进入控制的原理如图 1-2 所示。

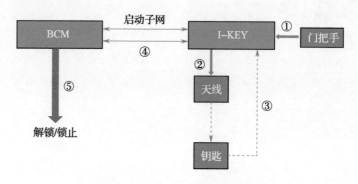

图 1-2　无钥匙进入控制原理图

无钥匙进入时，钥匙解锁或锁止车辆的控制过程为：按压门把手→门把手信号发送给 I-KEY → I-KEY 通过天线激活钥匙（钥匙指示灯闪烁）→钥匙信号发送给 I-KEY → I-KEY 通过启动子网将该信号发送给 BCM → BCM 收到该信号后，确认钥匙合法，则控制解锁或锁止车辆。

3. 低压上电控制

低压上电控制原理如图 1-3 所示。

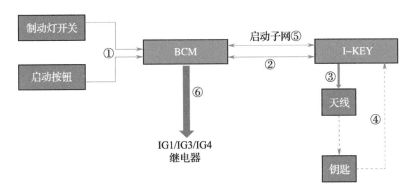

图 1-3　低压上电控制原理图

IG1、IG3、IG4 电路图如图 1-4 所示。

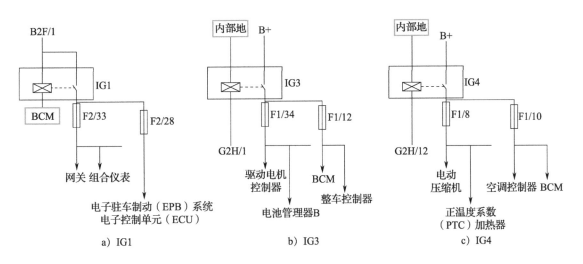

图 1-4　IG1、IG3、IG4 电路图

低压上电控制过程为：踩下制动踏板，同时按下启动按钮→制动灯开关信号和启动按钮信号发送给 BCM → BCM 通过启动子网将信号发送给 I-KEY → I-KEY 通

过天线激活钥匙→钥匙信号发送给 I-KEY → I-KEY 通过启动子网将该信号发送给 BCM → BCM 收到该信号后，确认钥匙合法（仪表提示请踩制动踏板），则接通 IG1、IG3 和 IG4 继电器（其中 IG3 和 IG4 只影响高压上电，对低压上电没有影响，所以在后续分析低压上电时不考虑这一部分），完成低压上电。

4. 低压上电整体控制电路

低压上电整体控制电路图如图 1-5 所示。

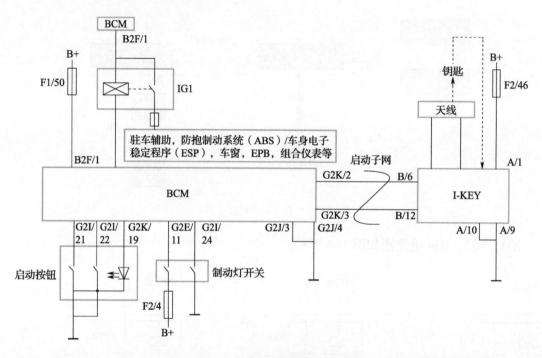

图 1-5　低压上电整体控制电路图

按下启动按钮并且踩下制动灯开关时，BCM 接收到启动信号和制动信号，BCM 通过启动子网将信号传输至 I-KEY 模块进行防盗验证，I-KEY 接收到防盗验证指令，通过天线激活钥匙，钥匙接收到信号之后反馈给 I-KEY，I-KEY 再将信号通过启动子网发送给 BCM，BCM 接收到信号之后确认钥匙是否合法，如果防盗验证失败，则仪表提示未找到钥匙，如果防盗验证成功，BCM 控制 IG1 继电器吸合。

二　诊断分析思路

根据低压上电控制流程，需要观察钥匙指示灯是否能闪烁、车门是否能解锁 / 落锁、启动按钮背景灯是否能点亮、仪表是否有信息提示等。故障诊断对应结合上述现象进行综合分析，判断可能原因，具体诊断分析思路为：缩小故障范围，再通过检测锁定最终故障点。

当按压门把手时，钥匙指示灯会闪烁，说明 I-KEY 通过天线发出了低频信号，并且钥匙也接收到了这个信号，那么可以初步认为 I-KEY 及其供电是正常的。

当按下启动按钮后，仪表显示"未检测到钥匙"，说明 I-KEY 对钥匙的识别过程存在问题。但也说明 BCM 已经接收到了制动信号和启动按钮信号，并且也向 I-KEY 发出了识别钥匙的请求，只是 BCM 未收到回复或收到了错误的回复。BCM 控制仪表能显示"未检测到钥匙"，说明 BCM 与仪表之间的通信正常，仪表本身及其供电正常。

三 故障点分析

1. 智能钥匙系统控制器供电（包含电源和接地）故障

（1）故障现象

①按下启动按钮后，仪表显示"未检测到钥匙"，如图 1-6 所示。

②按压门把手，车辆无任何反应，遥控钥匙指示灯也不闪烁。

③按压遥控钥匙上的按钮，遥控钥匙指示灯闪烁，车辆无反应。

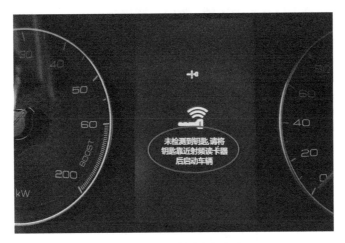

图 1-6　I-KEY 故障的仪表显示

（2）诊断分析思路

①按下启动按钮后，仪表显示"未检测到钥匙"，说明 BCM 已接收到了启动按钮信号，也发出了识别钥匙的请求，但未收到 I-KEY 回复或收到了错误的回复。这说明 I-KEY 对遥控钥匙的识别存在异常。

②按压门把手，车辆无任何反应，遥控钥匙指示灯没有闪烁。说明 I-KEY 对遥控钥匙的识别存在异常。

③按压遥控钥匙上的按钮，遥控钥匙指示灯能闪烁，初步说明遥控钥匙电量正常（在实际维修中，也可能是电量不足，但在竞赛场合一般不做优先考虑。因此，在竞赛中能确定不存在钥匙没电的故障），但车辆无任何反应，说明钥匙信号的传输或接收过程存在异常。

由分析①可以得出 I-KEY 对遥控钥匙的识别存在异常。根据控制流程，可能原因有 BCM 本身故障、启动子网故障、智能钥匙系统控制器本身故障、智能钥匙系统控制器供电故障、车内天线及其线路故障、遥控钥匙本身故障等。

由分析②也可以得出遥控钥匙的识别存在异常。根据控制流程，可能原因有门把手按钮及其线路故障、智能钥匙系统控制器本身故障、智能钥匙系统控制器供电故障、车外天线及其线路故障、遥控钥匙本身故障等。

根据故障诊断中的优先原则，多个部件同时出现故障的概率较低。综合分析①和分析②，可以排除 BCM 本身故障、启动子网故障、门把手按钮及其线路故障，车内、外天线及其线路故障的可能性也可以排除。再结合分析③，可排除遥控钥匙没电的情况。基于此，只要智能钥匙系统控制器本身及其供电（包含电源和接地）正常、遥控钥匙正常，那当按压门把手，无论车门是否能解锁/落锁，遥控钥匙指示灯都应会闪烁。综上所述，该故障的可能范围为：门把手→智能钥匙系统控制器→天线→遥控钥匙，则可能的故障原因为：

①智能钥匙系统控制器本身故障。

②智能钥匙系统控制器供电故障。

③遥控钥匙故障。

根据故障概率及总体现象分析，故障原因的先后检查顺序为②→③→①。

（3）检测过程记录

根据实际要求，检测低压上电部分存在两种诊断方式：使用诊断仪和不使用诊断仪。在使用诊断仪的情况下，可以用诊断仪去读取智能钥匙系统控制器数据，首先看诊断仪是否能进入智能钥匙系统控制器。在不使用诊断仪的情况下，可以直接用万用表进行测量，方法如下所述。

①如图 1-7 所示，如果测得智能钥匙系统控制器供电电压为 12V，说明供电正常，接下来断开蓄电池负极，分别测量 KG25（A）/9 和 KG25（A）/10 的对地电阻，应小

于 0.5Ω；或者先不断开蓄电池负极，直接测量 KG25（A）/1 与 KG25A（9）和 KG25A（10）之间的电压，应为 12V。因该车智能钥匙系统控制器接地端子有两个，两根线引出后，通过一个节点后共用接地，因此，应确保两端接地均为正常。

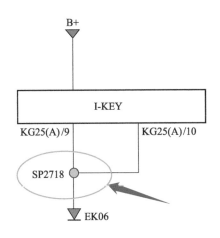

图 1-7　I-KEY 接地端子电路图

智能钥匙系统控制器通过 KG25（A）/9 和 KG25（A）/10 引出两根接地线，经过 SP2718 节点后，通过同一路接地线到达 EK06 接地点。我们需要确认故障点在 SP2718 节点到智能钥匙系统控制器那一段，还是节点到接地点那一段。具体测量方法是，断开智能钥匙系统控制器，分别测量 KG25（A）/9 和 KG25（A）/10 的对地电阻，如图 1-8 所示，确认智能钥匙系统控制器接地是否存在问题（若存在断路，电阻值应为无穷大）。然后测量 KG25（A）/9 和 KG25（A）/10 之间的电阻，如果 KG25（A）/9 和 KG25（A）/10 之间的电阻正常，说明故障点在 SP2718 节点到 EK06 接地点之间；反之，说明故障点在 KG25（A）/9 和 KG25（A）/10 之间线路。

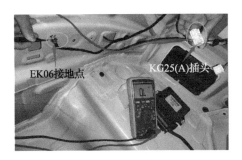

图 1-8　EK06 接地点示意图

对于电阻的测量，我们需要注意万用表的量程。万用表电阻档一般分为两种，一种是自动调节量程，只要选到电阻档即可；另一种需要根据实测对象手动选择量程。另外，显示屏上在未测量（或无穷大）时显示的值也分为两种，一种是显示"0L"，另一种是显示"1"，如图 1-9 所示，对这些都要加以区分，不要混淆。对于自动调节量程的，不需要去考虑测量对象的电阻值范围；但对于手动选择量程的，则需要对所测量的对象有一个了解，最重要的是要有这个意识。一般的原则是，在不了解的情况下，先调到大的量程，再根据测量值调整量程。但在实际维修测量中，大部分情况下，维修人员对车辆上所测对象都会有一个基本的了解，并且实际当中，很多测量对象都有普遍性的范围，比如线路的电阻值正常不超过 2Ω，继电器线圈的电阻值根据继电器类型的不同从几十欧到一百多欧不等，但一般不会超过 200Ω，冷却液温度传感器电阻值一般车型在正常冷却液温度时，是几十欧到一千多欧。所以在实际测量中，一般会优先遵循一个适用原则，也就是先调整到一般正常情况下的普遍性范围。比如测量线路电阻值，上来就调到 200MΩ 档，显然是不符合实际维修中一般操作的。我们要去测量线路是否正常，一般会调整到 200Ω 档（之所以不去选择 20Ω 档，是因为 20Ω 的范围太小，如果线路上存在问题，稍微大一点的电阻值就超过量程，万用表上就会显示无穷大）。如果测得线路电阻值偏大，但在 200Ω 范围内，就可以直接确认结果；如果测得电阻值在万用表上显示无穷大，说明线路上电阻值超过了 200Ω，可能是无穷大，也可能只是大于 200Ω，这个时候再去调整量程，如果调整到 20kΩ 档还是显示无穷大，我们一般就认为线路存在断路。对于万用表电阻档量程的选择，在本书后续的描述中，不再做特别说明。

图 1-9　万用表电阻档无穷大时显示状态

②如图 1-10 所示，如果测得智能钥匙系统控制器供电电压异常（比如电压为 0V），应测量供电线路上游 F2/46 熔丝输入端电压，如电压为 12V，说明 F2/46 熔丝上

游供电正常；再测量 F2/46 熔丝输出端电压，如电压为 0V，说明 F2/46 熔丝存在故障，拔下 F2/46 熔丝进行检查。

图 1-10 F2/46 熔丝位置

根据熔丝熔断的两种主要原因，即过载熔断和线路对地短路，实际故障排除过程中，应优先考虑线路是否存在对地短路故障，因此 F2/46 熔丝熔断，还需要测量 F2/46 熔丝下游端子的对地电阻。如果测得对地电阻接近 0Ω，则需要进一步确认是下游线路上存在对地短路故障，还是下游控制单元内部对地短路。如图 1-11 所示，该熔丝下游通过 SP2123 节点分两路，一路连接到网关控制器，一路经过中间插接器 GJK01/15 和 KJG01/15 后连接到智能钥匙系统控制器。下一步分别拔下智能钥匙系统控制器和网关控制器，如果拔下某一个控制单元后电阻值变为无穷大，说明在相关的控制单元内部存在对地短路故障；如果电阻值依然为 0Ω，则说明对地短路点在线路上。

如图 1-12 所示，由于 F2/46 熔丝下游到智能钥匙系统控制器的供电线路上存在中间插接器 GJK01/15 和 KJG01/15，需要进一步确认线路存在对地短路故障的确切位置。此时拔下中间插接器 GJK01 和 KJG01，如果此时电阻值变为无穷大，说明在线路 KJG01/15—KG25（A）/1 上存在对地短路故障，进一步测量该段线路锁定最终故障点即可；如果电阻值依然为 0Ω，说明在 F2/46 熔丝下游—GJK01/15 之间存在对地短路故障，由于中间节点 SP2123 已不可再分割，所以 F2/46 熔丝下游—GJK01/15 之间线路对地短路即为最小故障范围。

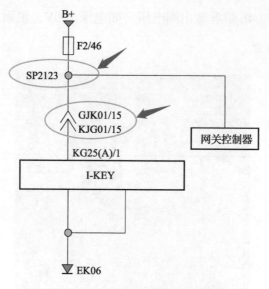

图 1–11　F2/46 熔丝后线路节点示意图

图 1–12　GJK01/KJG01 插接器实物

　　这里可能会有一个疑问，为什么前面接地线故障时，必须明确是中间节点 SP2718 到 EK06 接地点那一段，还是中间节点 SP2718 到智能钥匙系统控制器那一段；而这里电源故障时，F2/46 熔丝下游中间节点 SP2123 却不需要再进一步明确？这是因为这里的两个故障形式不同，前面接地线故障是以断路举例，后面电源故障则是以对地短路举例，如图 1–13 所示。虽然中间节点我们都无法通过直接方式来进行判断，但是对于断路故障，我们可以通过节点所连接的三个外围端子之间的电阻值关系来推导锁定最可能故障点，而对于对地短路故障，则无法通过这一方式进一步缩小故障范围，因为对于对地短路故障，节点所连接的三个外围端子的测量结果都是一样的。

③接下来，我们以电源和接地各一个具体的故障点为例，来记录测量过程。

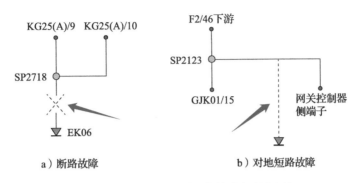

图 1-13　断路和短路故障最终故障点确认方法

a. 最终故障点：SP2718—EK06 线路断路。SP2718—EK06 线路断路故障测量表见表 1-1。

表 1-1　SP2718—EK06 线路断路故障测量表

测试条件	测试对象	测试结果	结果判断
OFF 档	KG25（A）/1 对地电压	12V	正常
OFF 档	KG25（A）/1—KG25（A）/9 电压	0V	异常
OFF 档	KG25（A）/1—KG25（A）/10 电压	0V	异常
断开蓄电池负极，拔下 KG25（A）插头	KG25（A）/9 对地电阻	无穷大	异常
	KG25（A）/10 对地电阻	无穷大	异常
	KG25（A）/9—KG25（A）/10 电阻	0Ω	正常

b. 最终故障点：KJG01/15—KG25（A）/1 线路断路。KJG01/15—KG25（A）/1 线路断路故障测量表见表 1-2。

表 1-2　KJG01/15—KG25（A）/1 线路断路故障测量表

测试条件	测试对象	测试结果	结果判断
OFF 档	KG25（A）/1 对地电压	0V	异常
OFF 档	F2/46 上游对地电压	12V	正常
OFF 档	F2/46 下游对地电压	12V	正常
断开蓄电池负极，拔下 F2/46 熔丝，拔下 KG25（A）插头	F2/46 下游—KG25（A）/1 电阻	无穷大	异常
断开 GJK01 与 KJG01 插接器	F2/46 下游—GJK01/15 电阻	0Ω	正常
	KJG01/15—KG25（A）/1 电阻	无穷大	异常

另外，对于电压测量要特别注意，如果要确保测量结果的可靠，一定要在负载状态下进行测量，否则所测得的结果只能作为初步的判断，即只能确定是否存在断路故障，但并不能确定是否存在虚接电阻，如图 1-14 所示的情况。而且，在有些情况下，甚至还需要尽可能多地将相关用电器都打开再测量。

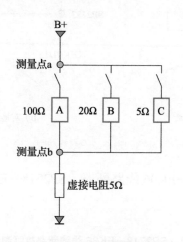

图 1-14 虚接故障示意图

以纯电阻电路的用电器来分析，三个用电器 A、B、C 共用接地，线路共用接地上存在 5Ω 的虚接电阻。如果所有的用电器都没有开启，那么 a、b 两点间电压就是 12V，无法判断异常。当只开启用电器 A 的时候，正常情况下，a、b 两点间电压应为 12V，但由于存在 5Ω 的虚接电阻，通过计算我们可以得知，用电器 A 两端电压为

［用电器 A 电阻 /（用电器 A 电阻 + 虚接电阻）］× 总电压 =［100Ω/（100+5）Ω］× 12V ≈ 11.4V

可以看到跟正常电压 12V 相差很小，用电器的工作基本不受影响。我们也可以通过电流计算，正常情况下用电器 A 的电流为

$$I_A = 12V/100\,\Omega = 0.12A$$

存在虚接电阻后，由于串联电路电流相等，用电器 A 电流 = 总电流，即

$$I_A = I_{总} = 12V/（100+5）\Omega ≈ 0.11A$$

可以看到跟正常电流 0.12A 同样相差很小。所以，在这种情况下，我们如果只开启用电器 A，就无法感知到故障状态，也无法测量出异常。

当我们把用电器 B 也开启的时候，可以看到，用电器 A 和用电器 B 并联电路的总电阻为

$$R_{AB} = （R_A R_B）/（R_A + R_B）=［（100 \times 20）/（100+20）］\Omega ≈ 16.7\Omega$$

等效电路就变为如图 1-15 所示。

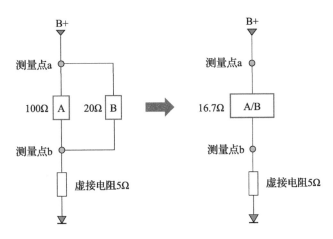

图 1-15　A、B 并联电路负载情况下电阻变化

通过计算可以得知，a、b 两点间电压为

$$U_{AB}=\left[R_{AB}/\left(R_{AB}+R_{虚}\right)\right]U_{总}\approx9.2V$$

跟正常电压有一定偏差，在实际情况中，根据用电器性质不同，也不排除用电器还能工作，当然通过电压已经能测量出异常。

此时当我们进一步把用电器 C 也开启，用电器 A、B、C 并联电路的总电阻为

$$R_{ABC}=\left(R_{A}R_{B}R_{C}\right)/\left(R_{A}R_{B}+R_{B}R_{C}+R_{A}R_{C}\right)$$

$$=\left[\left(100\times20\times5\right)/\left(100\times20+20\times5+100\times5\right)\right]\Omega\approx3.8\Omega$$

等效电路变为如图 1-16 所示。

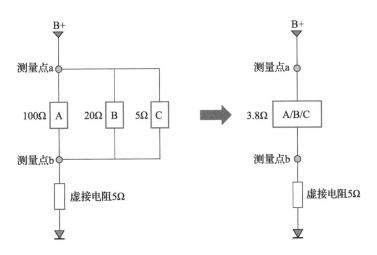

图 1-16　A、B、C 并联电路负载情况下电阻变化

通过计算可以得知，a、b 两点间电压为

$$U_{ABC} = [R_{ABC} / (R_{ABC} + R_{虚})] U_{总} \approx 5.2V$$

可以看到电压已经变得很低了，此时用电器的工作基本上会受到明显影响。

再来看一下几个用电器的电流，由于 a、b 两点间电压不到正常工作电压的一半，而对于纯电阻电路的用电器来说，用电器上的电流等于两端电压除以用电器电阻，可知，在电阻不变的情况下，电压降低为不到正常值的一半，经过用电器的电流也会减小到不到正常值的一半。通过计算可知

$$I_A = U_{ABC} / R_A = (5.2/100) A = 0.052A$$

$$I_B = U_{ABC} / R_B = (5.2/20) A = 0.26A$$

$$I_C = U_{ABC} / R_C = (5.2/5) A = 1.04A$$

所以当尽可能多的用电器开启的时候，有助于更好地发现故障，也能够更准确地进行测量判断。

（4）小结

智能钥匙系统控制器供电故障，导致智能钥匙系统控制器无法工作，从而不论用何种方式都无法对钥匙进行识别，使得遥控解锁、无钥匙进入和低压上电都失效。

2. 启动子网故障

（1）故障现象

①按下启动按钮，仪表显示"未检测到钥匙"。

②按压门把手，车辆无任何反应，但遥控钥匙指示灯可以闪烁。

（2）诊断分析思路

①按下启动按钮，仪表显示"未检测到钥匙"，说明 BCM 接收到了启动按钮信号，也发出了识别钥匙的请求，但未收到回复或收到了错误的回复，也就是对遥控钥匙的识别存在异常。

②按压门把手，车辆无任何反应，但遥控钥匙指示灯可以闪烁，说明智能钥匙系统控制器收到了门把手信号，并且通过天线发送低频信号激活了钥匙。但钥匙信号的发送到 BCM 的接收之间存在问题。

同样地，现象①说明对遥控钥匙的识别存在异常，根据控制流程，可能原因是 BCM 本身故障、启动子网故障、智能钥匙系统控制器本身故障、智能钥匙系统控制器

供电故障、车内天线及其线路故障、遥控钥匙本身故障等。

根据控制流程，现象②说明可能原因是遥控钥匙本身故障、智能钥匙系统控制器本身故障、启动子网故障、BCM 本身故障等。

现象①和现象②综合，可以排除智能钥匙系统控制器供电故障，而对于车内天线及其线路故障，如上一个故障分析部分所述，一般不会几个天线或线路同时出现问题，所以车内天线及其线路故障基本上也可以排除（在本书后续的阐述中，也都遵循这一原则，无特殊情况不再进行特别说明）。综上，那么可能的故障原因有：

① BCM 本身故障。

②智能钥匙系统控制器本身故障。

③启动子网故障。

④遥控钥匙本身故障。

而根据故障概率和总体现象分析，最大可能性和优先检测的点应该是启动子网部分。由此我们确定诊断方案是从启动子网入手。

（3）检测过程记录

启动子网是控制器局域网（CAN）通信线，测量点可以取 BCM 侧端子，也可以取智能钥匙系统控制器侧端子，我们这里从智能钥匙系统控制器侧端子入手进行测量。分别测量 KG25（B）/6 和 KG25（B）/12 对地电压［这里 KG25（B）/6 是 CAN-L，KG25（B）/12 是 CAN-H］，然后按压门把手或遥控钥匙按钮，同时观察所测量的电压值的变化。

按压门把手或遥控钥匙按钮的目的，是通过此操作，将智能钥匙系统控制器唤醒，然后智能钥匙系统控制器通过启动子网发送信息给 BCM。在这个过程中，启动子网上的测量电压就会发生变化。

正常情况下，未操作时，KG25（B）/6 和 KG25（B）/12 对地电压都约为 2.5V。按压门把手或遥控钥匙按钮时，KG25（B）/6 对地电压略有下降，KG25（B）/12 电压略有上升。

①如果测得 KG25（B）/6 和 KG25（B）/12 对地电压始终约为 0V，说明启动子网存在对地短路故障。接下来断开蓄电池负极，分别测量 KG25（B）/6 和 KG25（B）/12 的对地电阻。首先，通过这一步的操作，可以进一步确认启动子网上确实存在对地短路故障，防止误判；其次，CAN 上存在两个终端电阻，分别在两个控制单元内，电阻值

各约为 120Ω，当线路完整时，在 CAN 线两端可测得其并联电阻约为 60Ω。那么此时当有一根存在对地短路故障时，通过电压很难特别可靠地判断是哪一根存在对地短路故障。而通过电阻法则可以进行快速可靠判断，如图 1-17 所示。

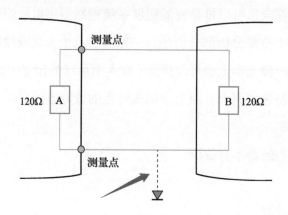

图 1-17　CAN 线两端终端电阻电路图

可以看到存在故障的那一端对地电阻为 0Ω，而正常的那一端，对地电阻则会经过两个控制单元内的终端电阻，测得电阻值约为 60Ω，由此可以更快地锁定故障段。

在上述操作中，断开蓄电池负极，在不断开控制单元连接的情况下，分别测量 KG25（B）/6 和 KG25（B）/12 的对地电阻，假设测得 KG25（B）/12 的对地电阻约为 0Ω，KG25（B）/6 的对地电阻约为 60Ω。下一步，使用万用表电阻档，一端连接 KG25（B）/12，另一端接地，然后逐个断开 BCM 和智能钥匙系统控制器，如果断开某个控制器后电阻值变为无穷大，则说明该控制器部分存在问题。如果 BCM 和智能钥匙系统控制器都断开后，电阻值依然为 0Ω，说明对地短路点在线路上。

由于 BCM 和智能钥匙系统控制器之间的启动子网线路上存在中间插接器 GJK01 和 KJG01（图 1-18），所以需要进一步确认故障在 KG25（B）/12—KJG01/18 线路，还是 GJK01/18—G2K/3 线路。具体测量方法是，使用万用表电阻档，一端连接 KG25（B）/12，另一端接地。然后断开插接器 GJK01 和 KJG01，如果此时电阻值变为无穷大，说明 GJK01/18—G2K/3 线路对地短路，进一步测量该段线路锁定最终故障点即可；如果电阻值依然为 0Ω，说明 KG25（B）/12—KJG01/18 线路对地短路。

②如果测得 KG25（B）/6 和 KG25（B）/12 对地电压始终约为 12V，说明启动子网存在对正极短路故障。测量方法与启动子网对地短路故障类似，即通过电压法初步判断后，断开蓄电池负极，用电阻法进一步确认，然后逐个断开启动子网上的控制器，之后

再断开中间插接器，锁定最小故障范围。另外对于对正极短路故障，由于还未接通电源，所以正极只能是常电源，如果某些故障是在电源接通后测得存在对正极短路故障，则还需要进一步判断是对常电源短路，还是对工作电源或其他电源短路。

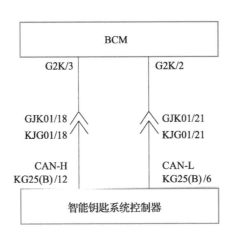

图 1-18　启动子网相关电路图

另外，在上述对地短路和对正极短路故障的描述中，我们只是单纯从线路角度出发进行阐述，实际上，如果 KG25（B）/6（即 CAN–L）对地短路，则 KG25（B）/6 对地电压始终为 0V，KG25（B）/12 对地电压在未操作时约为 0V，操作门把手或遥控钥匙按钮时，在万用表上会短时的略有上升，此时车门可以正常解锁/落锁。同样地，如果 KG25（B）/12 对正极短路，则 KG25（B）/12 对地电压始终约为 12V，KG25（B）/6 对地电压在未操作时约为 12V，操作门把手或遥控钥匙按钮时，在万用表上会短时的略有下降，此时车门同样可以正常解锁/落锁。

③如果测得 KG25（B）/6 和 KG25（B）/12 对地电压未操作时各约为 2.5V，按压门把手或遥控钥匙按钮时，KG25（B）/12 电压上升到 3.1~3.4V，KG25（B）/6 下降到 1.5~1.8V，则考虑启动子网可能存在断路故障。接下来断开蓄电池负极，然后在不断开控制单元连接的情况下测量 KG25（B）/6 和 KG25（B）/12 之间电阻值。正常情况下，电阻值应约为 60Ω。如果测得电阻值约为 120Ω，说明启动子网上存在断路故障，所测得的 120Ω 是其中一个控制单元的终端电阻，但无法测到另一个终端电阻。由于我们是在智能钥匙系统控制器侧进行测量（图 1-19），接下来断开智能钥匙系统控制器，如果电阻值依然约为 120Ω，说明智能钥匙系统控制器内部有故障。如果电阻值变为无穷大，说明在外围线路或 BCM 内部存在断路故障。

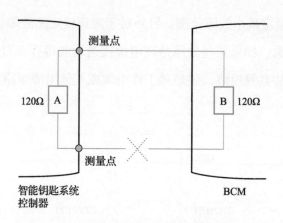

图 1-19　启动子网测量点示意图

此时可以测量 BCM 侧 G2K/2 和 G2K/3 之间的电阻，如果电阻值为无穷大，说明 BCM 内部有故障；如果电阻值约为 120Ω，说明故障在外围线路。下一步，断开 BCM，分别测量 KG25（B）/6—G2K/2 之间、KG25（B）/12—G2K/3 之间线路电阻值，确认故障所在线路。假设测得 KG25（B）/6—G2K/2 之间线路电阻值约为 0Ω，KG25（B）/12—G2K/3 之间电阻值为无穷大，则再进一步确认是 KG25（B）/12—KJG01/18 之间，还是 G2K/3—GJK01/18 之间线路断路即可。

当然实际测量方法是灵活应变的。在上一步确认故障范围在外围线路或 BCM 内部时，下一步基于概率的角度，也可以直接分别测量 KG25（B）/6—G2K/2 之间、KG25（B）/12—G2K/3 之间线路电阻值。

④如果测得 KG25（B）/6 和 KG25（B）/12 对地电压始终都约为 2.5V，则考虑启动子网可能存在相互短路的问题。接下来断开蓄电池负极，然后在不断开控制单元连接的情况下测量 KG25（B）/6 和 KG25（B）/12 之间电阻值。如果测得电阻值约为 0Ω，说明启动子网上存在相互短路故障。

下一步，万用表依然在原处测量不变，然后逐个断开 BCM 和智能钥匙系统控制器，如果断开某个控制器后电阻值变为约 120Ω 或无穷大（如果故障在第一个断开的控制器内，则断开后电阻值变为约 120Ω，如果故障在第二个断开的控制器内，则断开后由于启动子网线路上已没有控制器连接，所以电阻值变为无穷大），说明断开的相应控制器存在故障。

如果 BCM 和智能钥匙系统控制器都断开后，电阻值依然约为 0Ω，说明故障在启动子网线路上。此时万用表依然在原处测量不变，然后断开中间插接器 GJK01 和

KJG01，如果电阻值变为无穷大，说明故障在 GJK01/18—G2K/3 与 GJK01/21—G2K/2 之间线路，进一步测量该段线路锁定最终故障点即可；如果电阻值依然约为 0Ω，说明 KJG01/18—KG25（B）/12 与 KJG01/21—KG25（B）/6 之间线路相互短路。

⑤接下来，我们以启动子网一个具体的故障点为例，来记录测量过程。

最终故障点：KJG01/18—KG25（B）/12 线路对地短路。KJG01/18—KG25（B）/12 线路对地短路故障测量表见表 1-3。

表 1-3　KJG01/18—KG25（B）/12 线路对地短路故障测量表

测试条件	测试对象	测试结果	结果判断
按压门把手或遥控钥匙按钮	KG25（B）/12 对地电压	0V	异常
按压门把手或遥控钥匙按钮	KG25（B）/6 对地电压	0V	异常
断开蓄电池负极	KG25（B）/12 对地电阻	0Ω	异常
	KG25（B）/6 对地电阻	60Ω	异常
分别拔下 KG25（B）和 G2K 插头	KG25（B）/12 对地电阻	0Ω	异常
断开 GJK01 和 KJG01 插接器	KG25（B）/12 对地电阻	0Ω	异常

（4）小结

启动子网故障，导致智能钥匙系统控制器和 BCM 之间无法进行正常通信，从而使得 BCM 无法从智能钥匙系统控制器获取钥匙信息，因此无钥匙进入和无钥匙启动均失效。但与智能钥匙系统控制器供电故障不同的是，由于智能钥匙系统控制器本身及供电正常，所以在车外按压门把手时，智能钥匙系统控制器可以通过天线激活钥匙，在现象上可以看到，按压门把手后，钥匙指示灯闪烁。

3. 启动按钮相关故障

（1）故障现象

①按压门把手，车辆可以正常解锁 / 落锁。

②打开车门，仪表能正常显示车门状态。

③按下启动按钮，车辆无任何反应。

（2）诊断分析思路

①按压门把手，车辆可以正常解锁 / 落锁，说明智能钥匙系统本身及其与 BCM 通信正常，并且 BCM 也能做出响应。

②打开车门，仪表能正常显示车门状态，说明仪表供电、接地和通信正常。

③按下启动按钮，车辆无任何反应，说明 BCM 对启动按钮信号识别存在异常，或启动按钮本身或相关线路存在异常。

如果只是单纯分析③的现象，可能存在 BCM 本身及其供电故障、启动按钮本身及其线路故障、仪表本身及其线路故障等。综合现象①和②，则可能原因有：

①启动按钮本身故障。

②启动按钮相关线路故障。

③ BCM 局部故障。

根据故障概率和测量顺序，首先对启动按钮及其线路进行测量。

（3）检测过程记录

如图 1-20 所示，分别测量 BCM 的 G2I/21 和 G2I/22 对地电压，正常在未按下启动按钮时都应约为 12V，按下启动按钮后，两个端子的对地电压都应降为 0V。该车两根启动按钮的信号线为冗余信号，只要有一根正常就可以工作。

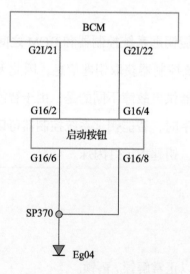

图 1-20　启动按钮相关电路图

①如果 BCM 的 G2I/21 和 G2I/22 两端子对地电压无论是否按下启动按钮都约为 12V，下一步分别测量启动按钮上的 G16/2 和 G16/4 对地电压，如都是始终为 0V，说明 G2I/21—G16/2 及 G2I/22—G16/4 存在断路（在实际维修中，这种情况会出现在线束被某个部件压到，从而有数根线路被压断，当然出现这种情况的概率比较小）；如依然都是始终约为 12V，下一步断开蓄电池负极，拔下启动按钮插头 G16，然后分别测量线

路侧 G16/6 和 G16/8 的对地电阻，如测得对地电阻都为无穷大，下一步测量 G16/6 和 G16/8 之间的电阻，如电阻正常，说明故障点在 SP370 节点到 Eg04 接地点之间。如果测得 G16/6 和 G16/8 的对地电阻正常，下一步对启动按钮本身进行测量，分别测量按钮上 G16/2—G16/6 和 G16/4—G16/8 的电阻，按下启动按钮后都应约为 0Ω，如测得电阻值为无穷大或明显偏大，说明启动按钮本身损坏。

对于启动按钮线路及元件的测量，还可以使用另一种方法。当测得 BCM 的 G2I/21 和 G2I/22 两端子对地电压无论是否按下启动按钮都约为 12V 后，下一步可以直接断开蓄电池负极，拔下 G2I 插头，分别测量 G2I/21 和 G2I/22 的对地电阻，按下启动按钮后都应约为 0Ω。如测得值为无穷大，下一步万用表黑表笔依然测负极，红表笔测量点分别放到 G16/2 和 G16/4 重复操作，如依然为无穷大，下一步红表笔测量点分别放到 G16/6 和 G16/8，如依然为无穷大，则为接地故障；如约为 0Ω，则为启动按钮本身故障。

②如果 BCM 的 G2I/21 和 G2I/22 两端子对地电压无论是否按下启动按钮都约为 0V，单纯从线路的理论上讲，可能是两根线路外围对地短路，但实际上如果外围线路对地短路，就相当于始终按下启动按钮，根据该车的特点，即使不踩制动踏板，在 15s 后也会接通电源。所以如果测得 BCM 的 G2I/21 和 G2I/22 两端子对地电压无论是否按下启动按钮都约为 0V，则主要考虑 BCM 上游供电及 BCM 内部局部故障，由于 BCM 内部无法在不解体的情况下通过测量判断，因此，在实际检测中，我们确认外围供电线路正常后，可以尝试更换 BCM 进行验证。

③接下来，我们以启动按钮相关部分一个具体的故障点为例，来记录测量过程。

最终故障点：SP370—Eg04 线路断路。SP370—Eg04 线路断路故障测量表见表 1-4。

表 1-4　SP370—Eg04 线路断路故障测量表

测试条件	测试对象	测试结果	结果判断
未做操作	G2I/21 及 G2I/22 对地电压	12V	正常
按下启动按钮	G2I/21 及 G2I/22 对地电压	12V	异常
断开蓄电池负极，拔下 G2I 插头，按下启动按钮	G2I/21 及 G2I/22 对地电阻	无穷大	异常
	G16/2 及 G16/4 对地电阻	无穷大	异常
拔下 G16 插头	G16/6 及 G16/8 对地电阻	无穷大	异常
	G16/6—G16/8 之间电阻	0Ω	正常

（4）小结

启动按钮或其线路故障，导致 BCM 无法接收上电请求信号，使得按下启动按钮后无任何反应。

4. 制动灯开关相关故障

（1）故障现象

①踩下制动踏板同时按下启动按钮，仪表显示"启动时，踩下制动踏板"，如图 1-21 所示。

图 1-21　BCM 未收到制动信号时仪表提示信息

②单独踩下制动踏板，无任何反应，钥匙指示灯也不闪烁。

（2）诊断分析思路

该故障指向性比较明确，故障现象①和②都比较清晰地指向制动灯开关相关故障，可能原因有：

①制动灯开关相关线路故障。

②制动灯开关内部有故障。

③ BCM 局部故障。

（3）检测过程记录

如图 1-22 所示，因为制动灯开关是涉及安全关键信号的元器件，所以有两路冗余信号输出，一路常闭，一路常开。踩下制动踏板后，常闭触点断开，常开触点闭合。BCM 需要同时接收到这两路信号，才会允许接通电源。正常情况下，未踩制动踏板时，

G28/3 和 G28/1 对地电压都为 0V，踩下制动踏板后，G28/3 和 G28/1 对地电压都约为 12V。G28/4 由常电源供电，始终约为 12V，G28/2 为接地，始终为 0V。

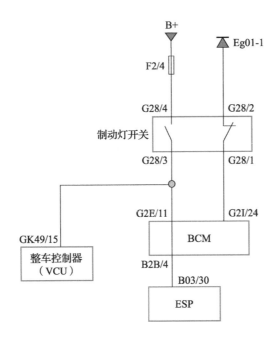

图 1-22　制动灯开关相关电路图

①如果在未踩制动踏板时测得 G28/1 对地电压约为 12V，说明 G28/1 后端没有正确接地。接下来可以测量 G28/2 对地电压，如也约为 12V，说明 G28/2—Eg01-1 接地点之间线路故障或 Eg01-1 接地点本身故障。此时可以断开蓄电池负极，拔下 G28 插头，测量 G28/2 的对地电阻，锁定最终故障范围。如果测量 G28/2 对地电压为 0V，则说明故障在制动灯开关内部，此时同样断开蓄电池负极，测量 G28/1—G28/2 之间电阻值，锁定故障。当然，在测得 G28/1 对地电压约为 12V 后，也可以直接断开蓄电池负极，测量 G28/1 的对地电阻、G28/2 的对地电阻、G28/1—G28/2 之间的电阻，来锁定故障。

②如果在未踩制动踏板时测得 G28/4 对地电压为 0V，说明 G28/4 上游供电存在故障。接下来分别测量 F2/4 熔丝上下游对地电压。如果 F2/4 熔丝上下游都可测得 12V 电压，说明 F2/4 熔丝下游到 G28/4 之间线路存在断路。下一步断开蓄电池负极，拔下 G28 插头和 F2/4 熔丝，测量 F2/4 熔丝下游插座到 G28/4 之间电阻值，锁定最终故障。

如果测得 F2/4 熔丝上游对地电压约为 12V，F2/4 熔丝下游对地电压为 0V，说明 F2/4 熔丝损坏。如同之前所讲，对于熔丝损坏故障，在更换新的熔丝之前，还需要确认线路是否存在对地短路故障。在断开蓄电池负极后，首先需要测量 G28/4 或 F2/4 熔丝下游插座的对地电阻，如电阻值接近 0Ω，说明该段线路存在对地短路故障；如电阻值为无穷大，还需要确认制动灯开关及下游是否存在对地短路故障，具体过程是：依然测量 G28/4 的对地电阻，然后踩下制动踏板，如果此时 G28/4 的对地电阻值由无穷大变为接近 0Ω，说明 G28/4 后端存在对地短路故障。可能的点包括：制动灯开关内部 G28/3—G28/2 相互短路；G28/3—G2E/11 线路对地短路；在整车控制器（VCU）模块内部对地短路；在 BCM 模块内部短路；B2B/4—B03/30 线路对地短路；在车身电子稳定程序（ESP）模块内部对地短路。判断方法是：拔下 G28 插头，测量 G28/3 的对地电阻，如果电阻为无穷大，说明故障在制动灯开关内部，进一步测量制动灯开关锁定故障。如果测得 G28/3 的对地电阻接近 0Ω，下一步，万用表表笔在原测量端子处不动，再分别拔下 BCM 的 G2E 和 VCU 的 GK49 插头，如果都拔下后依然为 0Ω，说明 G28/3—G2E/11 线路对地短路；如果拔下 GK49 后变为无穷大，说明故障在 VCU 相关部分，进一步测量锁定故障；如果拔下 G2E 后变为无穷大，说明故障在 BCM 及后端相关部分。此时可以进一步测量 B2B/4—B03/30 线路的对地电阻，如电阻值为 0Ω，则下一步通过分别拔下 B2B 和 B03 插头来锁定最终故障范围。

③如果未踩制动踏板时 G28/1 对地电压约为 0V 无异常，踩下制动踏板后 G28/1 依然约为 0V，说明 G28/1—G2I/24 存在对地短路故障。下一步断开蓄电池负极，拔下 G28 插头，再次测量 G28/1 的对地电阻，如电阻值为 0Ω，则拔下 BCM 的 G2I 插头，进一步判断故障在 BCM 内部，还是 G28/1—G2I/24 对地短路。如果拔下 G28 插头后测量 G28/1 的对地电阻变为无穷大，则下一步测量制动灯开关 G28/1—G28/2 之间电阻值，如踩下制动踏板依然为 0Ω，说明制动灯开关内部 G28/1—G28/2 之间触点故障。

④如果未踩制动踏板时 G28/3 对地电压约为 0V 无异常，踩下制动踏板后 G28/3 对地电压依然约为 0V，说明制动灯开关存在故障，进一步测量制动灯开关 G28/3—G28/4 之间电阻值，如踩下制动踏板依然为无穷大，说明制动灯开关内部 G28/3—G28/4 之间触点故障。

如果踩下制动踏板后 G28/3 对地电压约为 12V 正常，还需要进一步测量 BCM 的 G2E/11 对地电压，如为 0V，说明 G28/3—G2E/11 之间线路故障，进一步通过测量电阻值确定最终故障。

5. IG1 供电相关故障

（1）故障现象

踩下制动踏板同时按下启动按钮，能正常上高压电，但仪表显示无变化（中间显示屏能正常点亮），电动车窗不工作。

（2）诊断分析思路

正常情况下，踩下制动踏板同时按下启动按钮，BCM 会接通 IG1 继电器、IG3 继电器和 IG4 继电器。IG1 继电器主要给传统低压部件提供工作电源，比如仪表、车窗、电子驻车、网关、档位传感器等。IG3 和 IG4 继电器主要给高压相关部件提供工作电源，比如整车控制器（VCU）、动力电池管理系统（BMS）、电机控制器（PEU）、高压空调压缩机、正温度系数（PTC）加热器等。从故障现象上分析，能正常上高压电，说明 IG3 继电器和 IG4 继电器可以接通，按照控制逻辑，BCM 也应该已经对 IG1 继电器做出了控制。而实际的现象是传统低压部件并未进入工作状态，可能原因有：

① IG1 继电器本身损坏。

② IG1 继电器相关线路故障。

③ BCM 局部故障。

（3）检测过程记录

IG1 继电器输出端涉及的部件较多，我们分别从 IG1 整体故障和局部故障来进行分析梳理。

① IG1 整体故障（即 IG1 相关的所有部件都不工作）。先以输出端为切入点，我们从 IG1 输出端经过的一个主要熔丝 F2/33 入手进行测量，如图 1-23 所示（该图只显示 IG1 输出端部分电路）。在接通电源的情况下，测量 F2/33 熔丝上下游对地电压，测得结果均约为 0V，说明上游 IG1 部分存在故障。为可靠起见，可以再测量部分 IG1 输出端的熔丝，比如 F2/6 等，确认对地电压都约为 0V，可以判断故障在上游 IG1 部分。

由于 IG1 继电器的插座都集成在仪表板配电盒内部，所以我们首先要对 IG1 继电器本身进行测量。IG1 继电器外部四个引脚，如图 1-24 所示，1# 脚和 2# 脚连接继电器内部的线圈，3# 脚和 5# 脚连接继电器内部的触点。正常情况下，1# 脚和 2# 脚之间电阻值约为 110Ω，3# 脚和 5# 脚之间电阻值为无穷大。将 1# 脚和 2# 脚分别接 12V 电源和接地后，测量 3# 脚和 5# 脚之间电阻值约为 0Ω。如实测结果异常，则更换 IG1 继电器。

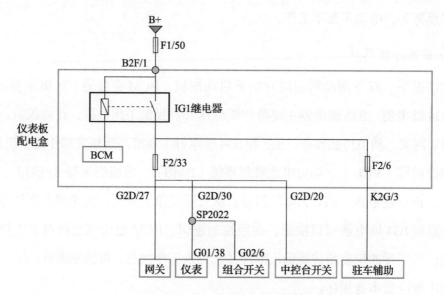

图 1-23　IG1 继电器相关电路图

图 1-24　IG1 继电器实物

　　另外，因为 IG1 上游供电 B2F/1 进入仪表板配电盒后，同时给包括 BCM 在内的多个部件供电，所以针对该故障，可以排除上游供电异常或对地短路导致熔丝损坏等情况，因此对 IG1 继电器只需要进行上述测量即可。对于继电器其他的测量，在后续的章节再进行阐述。

　　如果测得 IG1 继电器正常，则需要更换仪表板配电盒，或对仪表板配电盒进行拆检。

②IG1 局部故障。具体故障位置不同，故障现象也会有所区别，接下来以仪表相关部分举例来阐述检测过程。上电后仪表显示无变化，车窗能正常工作。测量 G01/38 对地电压为 0V，下一步测量 F2/33 上下游对地电压均约为 12V 正常。然后断开蓄电池负极，测量 F2/33 下游到 G01/38 之间电阻值为无穷大，进一步测量 G2D/30—G01/38 之间电阻值为无穷大。下一步，分别拔下 G2D 插头、G01 插头、G02 插头，再次确认 G2D/30—G01/38 之间电阻值为无穷大，然后测量 G01/38—G02/6 之间的电阻值为 0Ω，由此确认故障点为 G2D/30—SP2022 节点线路断路。

如果在测量 F2/33 电压时，测量结果为 F2/33 上游电压 12V，下游电压 0V，说明 F2/33 损坏，在更换 F2/33 之前需进一步确认 F2/33 下游是否存在对地短路故障。由于 F2/33 下游输出端均通过 G2D 插头，因此，下一步拔下 G2D 插头，再次测量 F2/33 下游的对地电阻，如依然为 0Ω，说明仪表板配电盒内部有故障，需要进行拆检或更换。如果测得电阻变为无穷大，则需要对 G2D 输出部分进行测量。具体测量方法是，万用表黑表笔接地，红表笔分别测量 G2D/27、G2D/28、G2D/29、G2D/30、G2D/20，如测得某一路的对地电阻为 0Ω，则针对该路进一步测量。例如测得 G2D/30 的对地电阻为 0Ω，下一步分别拔下组合仪表的 G01 插头和组合开关的 G02 插头，当拔下某一插头后电阻值变为无穷大，则说明所拔下部分存在故障。如果都拔下后电阻值依然为 0Ω，说明 G2D/30—G01/38 线路对地短路。

③接下来，我们以 IG1 相关部分一个具体的故障点为例，来记录测量过程。

最终故障点：G2D/30—SP2022 节点线路断路。G2D/30—SP2022 节点线路断路故障测量表见表 1-5。

表 1-5　G2D/30—SP2022 节点线路断路故障测量表

测试条件	测试对象	测试结果	结果判断
接通电源	G2D/30 对地电压	12V	正常
	G01/38 对地电压	0V	异常
断开蓄电池负极，拔下 G2D、G01、G02 插头	G2D/30—G01/38 之间的电阻	无穷大	异常
	G02/6—G01/38 之间的电阻	0Ω	正常

（4）小结

IG1 供电故障，导致低压相关部件无法得到工作电源，从而无法进入工作状态，使得相应部分如仪表、车窗等出现异常。

四　总结

低压上电部分诊断的逻辑性较强，需要维修人员熟悉待修车辆的控制原理，掌握每一个控制环节，然后根据故障现象，结合相应的测量诊断，判断出故障所在范围，进一步通过熟练的电路测量，找到最终故障点。

第二章

比亚迪秦 EV

高压上电故障诊断

一　控制原理分析

踩下制动踏板同时按下启动按钮，BCM 在完成钥匙信号验证后控制接通 IG1 继电器、IG3 继电器和 IG4 继电器。同时 BCM 通过动力 CAN 将高压上电请求信号发送给 VCU，VCU 收到该信号后指令 BMS 上高压。BMS 自检无异常后，先闭合主负接触器和预充接触器进行预充，预充完成信号由 PEU 通过动力 CAN 发送给 BMS，BMS 收到信号后控制闭合主正接触器，同时在 10ms 内断开预充接触器，完成高压上电。

高压上电整体控制电路如图 2-1 所示。

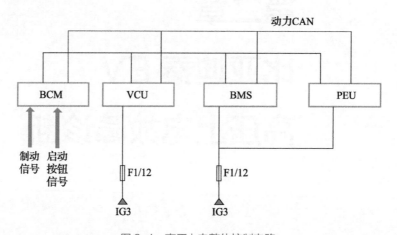

图 2-1　高压上电整体控制电路

二　诊断分析思路

根据高压上电控制流程，要使得车辆能够正常上高压，需要 VCU、BMS、PEU 等模块本身及其供电和通信正常，BMS 自检无异常（如单体电压、电量、温度正常，电池均衡、无绝缘故障、高压互锁正常等），BMS 对接触器的控制及接触器本身正常，预充电阻、电容正常，高压线路正常。

在对高压上电故障进行诊断时，除了根据故障现象结合控制原理进行分析，还需要借助诊断仪读取相关故障码和数据流进行综合分析。

三 故障点分析

1. IG3 供电相关故障

（1）故障现象

踩下制动踏板同时按下启动按钮，能正常上低压电，但仪表"OK"灯不亮，高压不上电，仪表显示"请检查动力系统"，如图 2-2 所示。

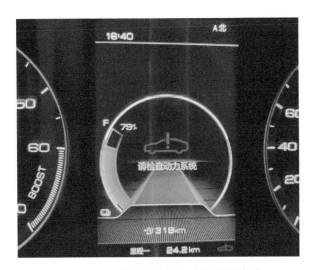

图 2-2　IG3 供电相关故障时仪表显示状态

（2）诊断分析思路

用诊断仪进行检测，VCU 和 PEU 无法通信。

由于 VCU 和 PEU 都无法通信，优先从两者共同关联的部分出发进行检测。

（3）检测过程记录

正常情况下，踩下制动踏板同时按下启动按钮，BCM 会接通 IG1 继电器、IG3 继电器和 IG4 继电器，其中 IG3 继电器给 VCU、BMS、PEU 等高压控制模块提供工作电源。

如图 2-3 所示，IG3 继电器输出端经过 F1/34、F1/11、F1/12 三个熔丝后给相关用电器供电。在上电后分别测量 F1/34、F1/11、F1/12 三个熔丝对地电压均为 0V，说明上游 IG3 输出存在异常。

IG3 继电器四个引脚连接部分有三个都在前机舱配电盒内部，只有继电器线圈供电控制端通过外围线路连接到 BCM 的 G2H 插头。下一步，在接通电源后，首先测量

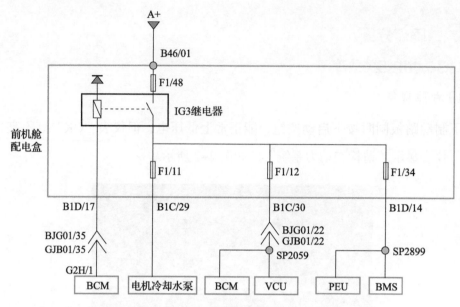

图 2-3　IG3 相关控制电路图

BCM 的 G2H/1 对地电压，如电压为 0V，测量 G2H/1 是否存在对地短路故障，如正常，则需要进一步对 BCM 进行检查。如果测得 BCM 的 G2H/1 对地电压为 12V 正常，则下一步测量 BJG01/35 对地电压，如为 0V，则需要下电后断开蓄电池负极，用电阻法确认 GJB01/35—G2H/1 线路是否断路；如为 12V 正常，则再进一步测量 B1D/17 对地电压；同样地，如 B1D/17 对地电压为 0V，需要确认是否存在线路断路故障，如为 12V 正常，则下一步可以下电后断开蓄电池负极，对 IG3 继电器四个引脚的连接分别进行测量，如都正常，则接着对 IG3 继电器本身进行检测，方法与 IG1 继电器相同，IG3 继电器线圈电阻值约为 130Ω。IG3 继电器形状如图 2-4 所示，该继电器四个引脚呈平行布置，线圈的两个引脚和触点的两个引脚两两交叉。

图 2-4　IG3 继电器实物

接下来，我们以 IG3 相关部分一个具体的故障点为例，来记录测量过程。

最终故障点：G2H/1—GJB01/35 线路断路。G2H/1—GJB01/35 线路断路故障测量表见表 2-1。

表 2-1　G2H/1—GJB01/35 线路断路故障测量表

测试条件	测试对象	测试结果	结果判断
接通电源	F1/11、F1/12、F1/34 对地电压	0V	异常
	G2H/1 对地电压	12V	正常
	GJB01/35 对地电压	0V	异常
关闭电源，断开蓄电池负极，拔下 G2H 和 GJB01 插头	GJB01/35—G2H/1 之间的电阻	无穷大	异常

（4）小结

IG3 供电故障，导致相关高压控制模块无法获得工作电源，使得高压系统无法工作。

2. VCU 相关故障

（1）故障现象

踩下制动踏板同时按下启动按钮，能正常上低压电，但仪表"OK"灯不亮，高压不上电，仪表显示"请检查动力系统"。

（2）诊断分析思路

用诊断仪进行检测，VCU 无法通信。

由于 VCU 无法通信，先从 VCU 的供电入手进行检测。

（3）检测过程记录

如图 2-5 所示，在上电后测量 GK49/1 或 GK49/3 对地电压，如测得电压为 0V，下一步测量 F1/12 熔丝上下游对地电压；如测得 F1/12 上下游对地电压均约为 12V，下一步下电并断开蓄电池负极，测量 F1/12 下游—GK49/1 或 GK49/3 之间电阻值；如测得电阻值为无穷大，下一步拔下 F1/12 熔丝和 GJB01 插头，测量 F1/12 下游—BJG01/22 之间电阻值；如为 0Ω 正常，则下一步再拔下 GK49 和 G2I 插头，测量 GJB01/22—GK49/1 或 GK49/3 之间电阻值，确定最终故障点。

如测得 F1/12 上游对地电压为 12V，下游对地电压为 0V，说明 F1/12 熔丝损坏，在更换 F1/12 之前需要进一步确认 F1/12 下游是否存在对地短路故障。拔下 F1/12 熔丝后测量 F1/12 下游的对地电阻，如测得电阻值为 0Ω，说明后端存在对地短路故障。然后逐个拔下 GK49 和 G2I 插头，如拔下某个插头后电阻值变为无穷大，说明被拔下部分存在故障。如果都拔下后依然为 0Ω，下一步拔下 GJB01 插头，如变为无穷大，说明故障在后端电路，进一步测量 GJB01/22—GK49/1 或 GK49/3 的对地电阻确定最终故障。

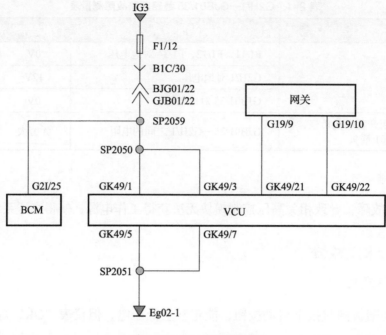

图 2-5　VCU 相关电路图

如果在上电后测量 GK49/1 或 GK49/3 对地电压约为 12V 正常，则下一步确认 VCU 的 GK49/5 和 GK49/7 的对地电阻是否正常。如正常，则下一步需要对 VCU 侧动力 CAN 进行测量。对 CAN 线的测量可以用电压、电阻法，也可以测波形，在这里以电阻法来进行阐述。关闭电源，断开蓄电池负极，测量 GK49/21—GK49/22 之间电阻值，正常应约为 60Ω，如测得电阻值为无穷大，说明 VCU 侧 CAN 线存在断路故障，此时需要结合 CAN 线电路图，找到转接插头，进一步测量，锁定最小故障范围。

接下来，我们以 VCU 相关的一个具体的故障点为例，来记录测量过程。

最终故障点： GK49/1 或 GK49/3—GJB01/22 线路断路。GK49/1 或 GK49/3—GJB01/22 线路断路测量表见表 2-2。

表 2-2　GK49/1 或 GK49/3—GJB01/22 线路断路测量表

测试条件	测试对象	测试结果	结果判断
接通电源	GK49/1 或 GK49/3 对地电压	0V	异常
	F1/12 对地电压	12V	正常
关闭电源，断开蓄电池负极，拔下 F1/12 熔丝和 GK49 插头	F1/12 下游—GK49/1 或 GK49/3 之间的电阻	无穷大	异常
拔下 GJB01/22 插头	GK49/1 或 GK49/3—GJB01/22 之间的电阻	无穷大	异常

（4）小结

VCU 供电或通信线路故障，使得 VCU 不工作或无法与其他模块进行通信，导致车辆无法上高压电。

3. PEU 相关故障

（1）故障现象

踩下制动踏板同时按下启动按钮，能正常上低压电，但仪表"OK"灯不亮，高压不上电，仪表显示"请检查动力系统""EV 功能受限"。

（2）诊断分析思路

用诊断仪进行检测，PEU 无法通信，VCU 存储"U01A500　与前驱动电机控制器通信故障"，BMS 存储"P1A3400　预充失败"故障码，如图 2-6、图 2-7 所示。由于 PEU 无法通信，先从 PEU 的供电入手检测。

图 2-6　PEU 故障状态下读取的 VCU 故障码

图 2-7　PEU 故障状态下读取的 BMS 故障码

（3）检测过程记录

如图 2-8 所示，在上电后测量 B30/10 或 B30/11 对地电压，如测得电压为 0V，下一步测量 F1/34 熔丝上下游电压；如测得 F1/34 上下游电压均约为 12V，下一步下电并断开蓄电池负极，测量 F1/34 下游—B30/10 或 B30/11 之间电阻值；如测得电阻值为无穷大，下一步拔下 F1/34 熔丝和 B30 插头，测量 F1/34 下游—B30/10 或 B30/11 之间电阻值；如为无穷大，则下一步再拔下 B1D 插头，测量 B1D/14—B30/10 或 B30/11 之间电阻值及 B1D/14—BK45B/8 之间电阻值，确定最终故障点。

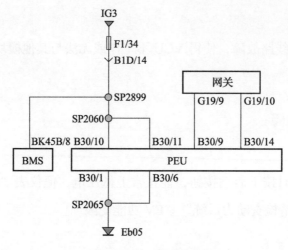

图 2-8　PEU 相关电路图

如测得 F1/34 上游对地电压 12V，下游对地电压 0V，说明 F1/34 熔丝损坏，在更换 F1/34 之前需要进一步确认 F1/34 下游是否存在对地短路故障。拔下 F1/34 熔丝后测量 F1/34 下游的对地电阻，如测得电阻值 0Ω，说明后端存在对地短路故障。然后逐个拔下 B30 和 BK45B 插头，如拔下某个插头后电阻值变为无穷大，说明被拔下部分存在故障。如果都拔下后依然为 0Ω，下一步拔下 B1D 插头，如变为无穷大，说明故障在后端电路，进一步测量 B1D/14—B30/10 或 B30/11 的对地电阻确定最终故障。

如果在上电后测量 B30/10 或 B30/11 对地电压约为 12V 正常，则下一步确认 PEU 的 B30/1 和 B30/6 的对地电阻是否正常。如正常，则下一步需要对 PEU 侧动力 CAN 进行测量。对 CAN 线的测量可以用电压、电阻法，也可以测波形，在这里以电压法来进行阐述。接通电源后，假设测量 B30/9 对地电压约为 2.9V，B30/14 对地电压约为 1.5V。正常情况下 B30/9 对地电压约为 2.7V，B30/14 对地电压约为 2.4V。下一步，通过电阻法锁定最终故障点。

接下来，我们以 PEU 相关的一个具体的故障点为例，来记录测量过程。

最终故障点：SP2065 节点—Eb05 线路断路。SP2065 节点—Eb05 线路断路故障测量表见表 2-3。

表 2-3　SP2065 节点—Eb05 线路断路故障测量表

测试条件	测试对象	测试结果	结果判断
接通电源	B30/10 或 B30/11 对地电压	12V	正常
	B30/10 或 B30/11—B30/1 或 B30/6 电压	0V	异常
关闭电源，断开蓄电池负极，拔下 B30 插头	B30/1—Eb05 之间的电阻	无穷大	异常
	B30/1—B30/6 之间的电阻	0Ω	正常

（4）小结

PEU 供电或通信线路故障，使得 PEU 不工作或无法与其他模块进行通信，导致车辆无法上高压电。

4. BMS 相关故障

（1）故障现象

踩下制动踏板同时按下启动按钮，能正常上低压电，但仪表"OK"灯不亮，高压不上电，仪表动力电池故障灯亮，并且没有动力电池电量显示，如图 2-9 所示。

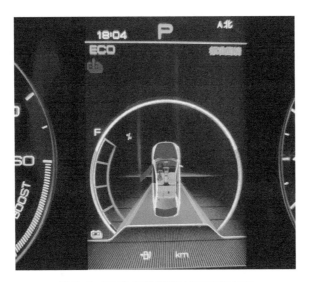

图 2-9　BMS 相关故障时仪表显示状态

（2）诊断分析思路

用诊断仪进行检测，BMS 无法通信。

由于 BMS 无法通信，先从 BMS 的供电入手进行检测。

（3）检测过程记录

如图 2-10 所示，测量 BK45A/28 或 BK45B/1 对地电压，如为 0V，则下一步测量 F1/4 熔丝上下游对地电压；如测得 F1/4 上下游电压均约为 12V，下一步，断开蓄电池负极，拔下 F1/4 熔丝和 BK45A、BK45B 插头，测量 F1/4 下游—BK45A/28 或 BK45B/1 之间电阻值；如测得电阻值为无穷大，下一步，拔下 B1D 插头，分别测量 F1/4 下游—B1D/18 与 B1D/18—BK45A/28 或 BK45B/1 之间电阻值，最终确定故障点。

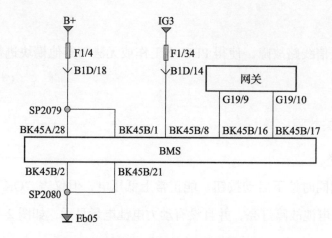

图 2-10　BMS 相关电路图

　　如测得 F1/4 上游对地电压为 12V，下游对地电压为 0V，说明 F1/4 熔丝损坏，在更换 F1/4 之前需要进一步确认 F1/4 下游是否存在对地短路故障。拔下 F1/4 熔丝后测量 F1/4 下游的对地电阻，如测得电阻值为 0Ω，说明后端存在对地短路故障。然后拔下 BK45A 和 BK45B 插头，如拔下插头后电阻值变为无穷大，说明被拔下部分存在故障。如果都拔下后依然为 0Ω，下一步拔下 B1D 插头，如变为无穷大，说明故障在后端电路，进一步测量 B1D/18—BK45A/28 或 BK45B/1 的对地电阻确定最终故障。

　　如果测得 BK45A/28 或 BK45B/1 对地电压为 12V 正常，则下一步确认 BMS 的 BK45B/2 和 BK45B/21 的对地电阻是否正常。如正常，则下一步需要对 BMS 侧动力 CAN 进行测量。当然，针对该车的实际情况，如果 BMS 侧 CAN 线存在故障，故障现象与整个动力网故障相同，这是因为动力网的终端电阻有一侧在 BMS 内部。所以 BMS 侧 CAN 线故障将在动力网故障部分进行描述。

　　接下来，我们以 BMS 相关的一个具体的故障点为例，来记录测量过程。

　　最终故障点：B1D/18—SP2079 节点线路断路。B1D/18—SP2079 节点线路断路测量表见表 2-4。

表 2-4　B1D/18—SP2079 节点线路断路测量表

测试条件	测试对象	测试结果	结果判断
常电条件下	BK45A/28 或 BK45B/1 对地电压	0V	异常
	F1/4 对地电压	12V	正常
断开蓄电池负极，拔下 F1/4 熔丝和 BK45A、BK45B 插头	F1/4 下游—BK45A/28 或 BK45B/1 之间的电阻	无穷大	异常

（续）

测试条件	测试对象	测试结果	结果判断
拔下 B1D 插头	B1D/18—BK45A/28 或 BK45B/1 之间的电阻	无穷大	异常
	BK45A/28—BK45B/1 之间的电阻	0Ω	正常

（4）小结

BMS 相关故障，使得 BMS 不工作，导致动力电池相关信息无法传输，仪表上无法显示电量，同时高压不上电。

5. 高压互锁故障

（1）故障现象

踩下制动踏板同时按下启动按钮，能正常上低压电，但仪表"OK"灯不亮，高压不上电，仪表显示"EV 功能受限"。

（2）诊断分析思路

用诊断仪进行检测，BMS 存储"P1A6000　高压互锁1故障"故障码，如图2-11所示。

图 2-11　高压互锁 1 故障状态下读取的故障码

该故障指向性比较明确，根据故障码的提示，从高压互锁1电路入手进行测量。

（3）检测过程记录

如图 2-12 所示，接通电源，测量 BK45B/5 对地电压约为 5V，BK45B/4 对地电压约为 2V。下一步，关闭电源，断开蓄电池负极，测量 BK45B/5—BK45B/4 之间电阻值；如为无穷大，下一步，拔下 BK45B 插头，逐段测量高压互锁线路导通性。当测量到某一段电阻值为无穷大时，说明故障在该段线路。

另外，该车有两路高压互锁，另一路高压互锁如图2-13所示，检测方法与高压互锁1相同。

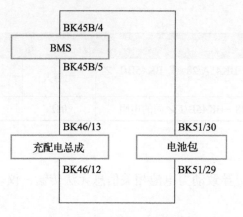

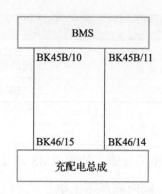

图 2-12　高压互锁 1 相关电路图　　　　图 2-13　高压互锁 2 相关电路图

（4）小结

由于高压互锁故障，BMS 不执行上电指令，车辆无法上高压电。

6. 接触器故障

（1）故障现象

踩下制动踏板同时按下启动按钮，能正常上低压电，但仪表"OK"灯不亮，高压不上电，仪表显示"EV 功能受限"。

（2）诊断分析思路

用诊断仪进行检测，BMS 存储"P1A3400 预充失败"故障码。由于所有模块都可通信，只存储预充失败故障码，因此从预充控制本身入手进行检测。

（3）检测过程记录

如图 2-14 所示，接通电源后，测量 BK45B/8 对地电压；如为 0V，下一步拔下B1D 插头和 BK45B 插头，测量 B1D/14—BK45B/8 之间电阻值；如为无穷大，则确定最终故障。

如果测量 BK45B/8 对地电压为 12V 正常，下一步测量 BK45A/7 对地电压，如为0V，则需要进一步确认是否是 BMS 本身故障；如 BK45A/7 对地电压为 12V，下一步分别测量 BK45A/21 和 BK45A/22 对地电压。如测得 BK45A/21 对地电压为 12V，BK45A/22 对地电压为 0V，下一步，测量 BK51/19 对地电压，如为 12V，则关闭电源，断开蓄电池负极，拔下 BK45A 插头和 BK51 插头，测量 BK51/19—BK45A/22 之间线路电阻值。如果测得 BK51/19 对地电压也为 0V，下一步测量 BK51/18 对地电压，如为 12V，说明电池包内部接触器线圈或线路存在故障，需要对电池包进行拆检。如果测得 BK51/18 对地电压为 0V，则下一步关闭电源，断开蓄电池负极，拔下 BK45A 插头和 BK51 插头，测量 BK45A/7—BK51/18 线路电阻值，测量 BK45A/7—BK51/20 线路电阻值，确定最终故障。

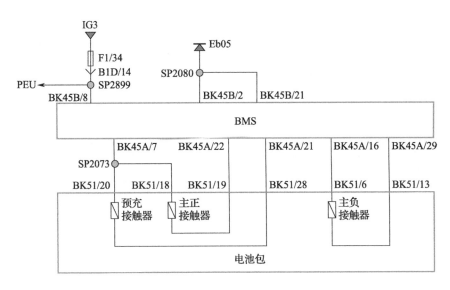

图 2-14　接触器相关电路图

接下来，我们以接触器相关的一个具体的故障点为例，来记录测量过程。

最终故障点：BK45A/22—BK51/19 线路断路。BK45A/22—BK51/19 线路断路测量表见表 2-5。

表 2-5　BK45A/22—BK51/19 线路断路测量表

测试条件	测试对象	测试结果	结果判断
接通电源	BK45B/8 对地电压	12V	正常
	BK45A/7 对地电压	12V	正常
	BK45A/22 对地电压	0V	异常
	BK51/19 对地电压	12V	正常
关闭电源，断开蓄电池负极，拔下 BK45A、BK51 插头	BK45A/22—BK51/19 之间的电阻	无穷大	异常

（4）小结

由于接触器供电或其本身故障，高压回路无法导通，从而使车辆无法上高压电。

7. 动力网故障

（1）故障现象

踩下制动踏板同时按下启动按钮，能正常上低压电，但仪表"OK"灯不亮，高压不上电，仪表显示"请检查车辆网络"（图2-15）、"请检查档位系统"（图2-16）和"请检查动力系统"，仪表动力电池故障灯亮，并且没有动力电池电量显示。

图2-15　动力网相关故障时仪表显示状态1

图2-16　动力网相关故障时仪表显示状态2

（2）诊断分析思路

用诊断仪进行检测，动力网所有相关模块都无法通信。由于动力网所有相关模块都无法通信，因此从动力CAN总线入手进行检测。

（3）检测过程记录

如图2-17所示，首先从网关侧或BMS侧入手进行测量，在这里从BMS侧入手进行阐述。接通电源，分别测量BK45B/16和BK45B/17对地电压，如测得都约为2.7V，则下一步关闭电源，断开蓄电池负极，测量BK45B/16—BK45B/17之间电阻值，如测得约为120Ω，说明动力CAN存在断路点。下一步测量BK45B/9—BK45B/14之间电阻值，如测得电阻值约为240Ω，说明BK45B/9—BK45B/14之间存在故障，下一步，拔下BK45B插头再次测量BK45B/9—BK45B/14之间电阻值确定故障。如测得BK45B/9—BK45B/14之间电阻值为0Ω，则下一步断开BK45B插头，测量BK45B/16—BK45B/17之间电阻值，若为无穷大，下一步测量G19/9—G19/10之间电阻值，如电阻值约为120Ω，下一步断开BJG02/GJB02插接器，测量BK45B/17—BJG02/19、BK45B/16—

BJG02/20 电阻值，进一步地，根据需要分别拔下 PEU、充配电总成、PTC 加热器插头，锁定最终故障点。

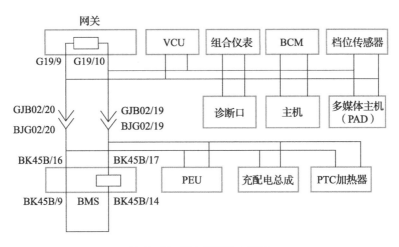

图 2-17　动力网相关电路图

如果测得 BK45B/16 和 BK45B/17 对地电压都约为 0V，说明动力 CAN 存在对地短路故障。下一步，关闭电源，断开蓄电池负极，拔下 BK45B 插头，分别测量 BK45B/16 和 BK45B/17 的对地电阻。如测得值都为无穷大，则下一步测量 BK45B/9—BK45B/14 线路的对地电阻确定最终故障。如测得 BK45B/16 的对地电阻为 0Ω，BK45B/17 对地电阻约为 60Ω，说明 BK45B/16 侧的动力 CAN 线存在对地短路故障。下一步拔下 GJB02 插头，再次测量 BK45B/16 的对地电阻，如依然为 0Ω，则下一步逐个拔下 PEU、充配电总成、PTC 加热器插头，当拔下某个模块插头后电阻值变为无穷大，说明该模块存在相关故障。如果上述模块均拔下后 BK45B/16 的对地电阻依然为 0Ω，则最终故障为 BK45B/16—BJG02/20 线路对地短路。

接下来，我们以动力网相关的一个具体的故障点为例，来记录测量过程。

最终故障点： BK45B/16—BJG02/20 线路断路。BK45B/16—BJG02/20 线路断路故障测量表见表 2-6。

表 2-6　BK45B/16—BJG02/20 线路断路故障测量表

测试条件	测试对象	测试结果	结果判断
接通电源	BK45B/16 对地电压	0V	异常
	BK45B/17 对地电压	0V	异常
关闭电源，断开蓄电池负极，拔下 BK45B 插头	BK45B/16 对地电阻	0Ω	异常
	BK45B/17 对地电阻	60Ω	异常

（续）

测试条件	测试对象	测试结果	结果判断
拔下 GJB02 插头	BK45B/16 对地电阻	0Ω	异常
逐个拔下 PEU、充配电总成、PTC 加热器插头	BK45B/16 对地电阻	0Ω	异常

（4）小结

由于动力网故障，动力网内部模块之间无法通信，并且启动信号无法发送给动力网相关模块，使得车辆无法上高压电。

四　总结

高压不上电涉及的因素较多，且从诊断逻辑上讲，很多部分都有相对独立性，所以更多地需要借助诊断仪锁定范围。对于该部分的诊断，主要从高压相关模块及供电、通信线路、高压互锁、接触器等部分入手进行检测。

第三章

比亚迪秦 EV

行驶异常故障诊断

一 控制原理分析

有很多因素会导致车辆无法行驶或行驶异常，如驻车制动系统异常、助力转向系统异常、动力电池散热系统异常、DC/DC 变换器异常、制动系统异常等。在分析秦 EV 车辆行驶异常时，我们不能只靠观察故障现象来判断故障范围，还需要借助诊断仪来读取故障码和万用表测量进行进一步的判断和缩小故障范围。

二 诊断分析思路

车辆上高压电，观察车辆是否会出现部分功能（如电子驻车、档位显示等）失效的状态。观察仪表是否会出现警告以及有无故障指示，优先排除掉 CAN 整体故障后，再去通过故障现象和诊断仪来分析故障的范围，通过万用表测量来逐渐缩小故障范围，确认最终故障点。

三 故障点分析

1. 档位传感器故障

（1）故障现象

①踩下制动踏板，按下启动按钮，主警告灯点亮。

②仪表显示"请检查档位系统"，如图 3-1 所示。

③仪表始终显示为"P"档，无法进行换档。

（2）诊断分析思路

根据故障现象，变速杆无法正常工作，仪表提示"请检查档位系统"，使用故障诊断仪进一步读取故障码和数据流，确定故障范围。

档位传感器模块无法进入，从 VCU 中读到"U029187 与档位控制器通信故障"，如图 3-2 所示。并且数据流显示档位故障状态为：故障，如图 3-3 所示。可能的故障原因有：档位传感器电源、网线及其自身故障。

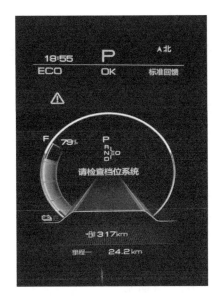

图 3-1　档位传感器故障时仪表显示状态

图 3-2　档位传感器故障状态下读取的故障码

图 3-3　档位传感器故障状态下显示的数据流

（3）检测过程记录

如图 3-4 所示，车辆上电，测量 G39/1 对地电压，正常应为 12V。如果测量结果为 0V 异常，那么接着测量线路上游 G2D/20 对地电压，判断是 G2D 插头上游问题，还是下游问题。如果 G2D/20 测量结果为 12V 正常，那么我们需要进一步测量电阻来确认 G2D/20—SP2121 节点之间线路断路，还是 SP2121 节点—G39/1 之间线路断路。我们需要通过测量 G2D/20—G47/2 之间的线路电阻值和 G47/2—G39/1 之间的线路电阻值来确定最终故障点，如果 G2D/20—G47/2 之间的线路电阻值为 0Ω 正常，G47/2—G39/1 之间的线路电阻值为无穷大异常，那么故障点为 SP2121 节点—G39/1 之间线路断路。

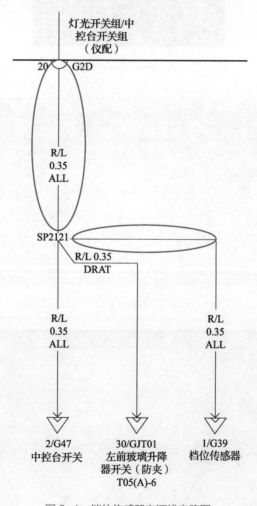

图 3-4 档位传感器电源线电路图

最终故障点： SP2121 节点—G39/1 线路断路。SP2121 节点—G39/1 线路断路测量表见表 3-1。

表 3-1　SP2121 节点—G39/1 线路断路测量表

测试条件	测试对象	测试结果	结果判断
ON	G39/1—地电压	0V	异常
ON	G2D/20—地电压	12V	正常
OFF，断开蓄电池负极，断开 G2D、G47、G02、G39 插头	G2D/20—G39/1 线路电阻	无穷大	异常
	G47/2—G2D/20 线路电阻	0Ω	正常
	G39/1—G47/2 线路电阻	无穷大	异常

如图 3-5 所示，如果测量 G39/1 对地电压为 12V 正常，那么我们接着测量档位传感器的搭铁，断开蓄电池负极，测量 G39/9 对地电阻，正常应该为 0Ω，如果测量结果为异常，那么接着断开 G39 插头，测量 G39/9—Eg04 之间线路电阻值，最终需要判断 G39/9—SP2841 节点之间故障，还是 SP2841 节点—Eg04 搭铁点之间故障。我们通过测量 G47/3—Eg04 之间的电阻和 G47/3—G39/9 之间的电阻，来判断最终故障点，如果测量结果为 G47/3—Eg04 之间电阻为无穷大异常，G47/3—G39/9 之间的电阻为 0Ω 正常，那么故障点为：SP2841 节点—Eg04 搭铁点之间线路断路；如果测量结果为 G47/3—Eg04 之间电阻为 0Ω 正常，G47/3—G39/9 之间的电阻为无穷大异常，那么故障点为：G39/9—SP2841 节点之间线路断路。

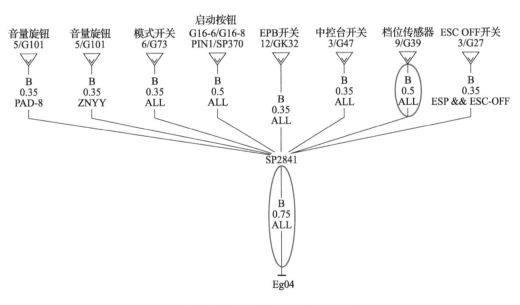

图 3-5　档位传感器接地点电路图

如图 3-6 所示，如果档位传感器的供电和搭铁都为正常，那么我们还需要测量档位传感器的 CAN 线，分别测量 G39/7 和 G39/8 的对地电压，正常情况下 G39/7 的电压约为 +2.5V，G39/8 的电压约为 -2.5V。断开 G39 插头，测量 G39/7 和 G39/8 的对地电压，如果其测量结果为 G39/7 对地电压约为 0V 异常，G39/8 对地电压约为 –2.5V 正常，接着断开蓄电池负极，断开 G39 插头，断开 G2K 插头，测量 G39/7—G2K/7 之间线路电阻值，若为无穷大异常，最终故障点就为 G39/7—G2K/7 之间线路断路。

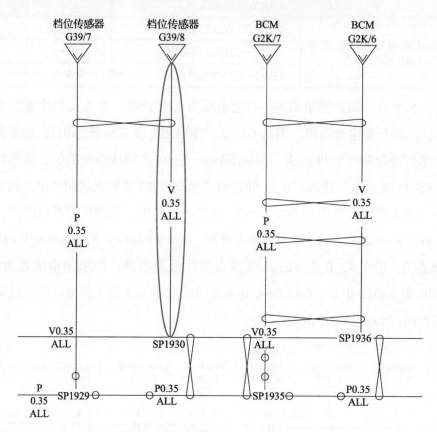

图 3-6　档位传感器 CAN 线相关电路图

断开 G39 插头，测量 G39/7 和 G39/8 的对地电压，如果其测量结果为 G39/8 对地电压为 0V 异常，G39/7 对地电压 +2.5V 正常，接着断开蓄电池负极，断开 G39 插头，断开 G2K 插头，测量 G39/8—G2K/6 之间线路电阻值，若为无穷大异常，最终故障点就为 G39/8—G2K/6 之间线路断路。

我们还可以直接使用电阻法进行测量，因为动力网两端有两个终端电阻，我们正常情况下断开蓄电池负极，在不断开动力网上模块时测量动力网上任意一对 CAN-H 和 CAN-L 测得结果约为 60Ω，断开蓄电池负极，测量 G39/7—G39/8 的电阻，正常应为 60Ω 左右，如果测量结果为无穷大异常，说明档位传感器的 CAN 线存在线路断路故障（此处不考虑 CAN 线整体故障，因为 CAN 线整体故障会影响高压上电，不在此章讨论范围）。接着断开蓄电池负极，断开 G39 和 G2K 插头，测量 G39/7—G2K/7 之间线路电阻值，测量结果如果为无穷大，那么最终故障点为：G39/7—G2K/7 之间线路断路；如果测量结果为 0Ω 正常，那么接着测量 G39/8—G2K/6 之间线路电阻值，如果测量结果为无穷大异常，那么最终故障点为：G39/8—G2K/6 之间线路断路。

最终故障点：G39/8—G2K/6 之间线路断路。G39/8—G2K/6 之间线路断路故障测量表见表 3-2。

表 3-2　G39/8—G2K/6 之间线路断路故障测量表

测试条件	测试对象	测试结果	结果判断
ON	G39/7 对地电压	+2.5V	正常
ON	G39/8 对地电压	0V	异常
OFF，断开蓄电池负极	G39/7—G39/8 之间电阻	无穷大	异常
OFF，断开蓄电池负极，断开 G39 和 G2K 插头	G39/8—G2K/6 之间线路电阻值	无穷大	异常

（4）小结

由于档位传感器的 CAN 线断路导致无法与外界通信，仪表无法感知到档位信息，仪表 P 档指示灯不点亮，无法进行换档。

2.加速踏板深度传感器故障

（1）故障现象

踩下制动踏板，打开启动开关，仪表 "OK" 灯点亮，高压上电，电池荷电状态（SOC）正常，动力系统故障指示灯点亮，文字提示 "请检查动力系统"，如图 3-7 所示。

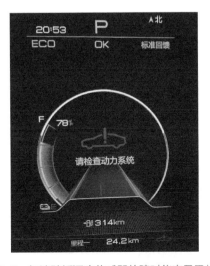

图 3-7　加速踏板深度传感器故障时仪表显示状态

（2）诊断分析思路

首先读取故障码和数据流，判断是加速踏板深度传感器 1 故障，还是加速踏板深度传感器 2 故障。

根据故障码和数据流提示，可能的故障原因有：

①加速踏板深度传感器自身故障。

②加速踏板深度传感器相关线路故障。

（3）检测过程记录

数据流异常可能相同，或是其中一个为 0 或始终为最高值（加速踏板深度传感器 1 电压为 4V，加速踏板深度传感器 2 电压为 2V），先通过故障诊断仪进一步查看加速踏板深度传感器的数据流，来确认故障范围。

①加速踏板深度传感器 1 电源线故障。故障码和数据流如图 3-8 和图 3-9 所示。

图 3-8　加速踏板深度传感器 1 电源线故障状态下读取的故障码

图 3-9　加速踏板深度传感器 1 电源线故障状态下读取的数据流

测量加速踏板深度传感器 1 电源线 G44/3 对地电压，正常应为 5V。如果测量结果为 0V 异常，接着测量 GK49/23 对地电压。测量结果如果也为 0V 异常，那接下来断开蓄电池负极，测量 G44/3 的对地电阻或 GK49/23 的对地电阻来判断 GK49/23—G44/3 这段线路是否存在对地短路故障，要注意的是，测量时我们先不需要断开 GK49 插头和 G44 插头，如果测量结果为 0Ω 异常，那么我们下一步再去分别断开 GK49 插头和 G44 插头，来判断对地短路故障是存在于线路之中，还是某个元件之中；如果测量 G44/3 的对地电阻或 GK49/23 的对地电阻为无穷大正常，且始终无法测出 G44/3 和 GK49/23 对地电压为 5V，说明 GK49 元件故障。如果测量 G44/3 对地电压异常为 0V，测量 GK49/23 对地电压 5V 结果正常，接着断开蓄电池负极，断开 G44 插头和 GK49 插头，测量 GK49/23—G44/3 之间线路电阻值，测量结果可表明最终故障点为：GK49/23—

G44/3 之间线路断路。

如果 GK49/23 和 G44/3 对地电压测量结果都为正常，但故障诊断仪读取故障码和数据流还是为异常，那么故障为加速踏板深度传感器元件故障。

最终故障点：GK49/23—G44/3 之间线路断路。GK49/23—G44/3 之间线路断路故障测量表见表 3-3。

表 3-3 　 GK49/23—G44/3 之间线路断路故障测量表

测试条件	测试对象	测试结果	结果判断
ON	G44/3 对地电压	0V	异常
ON	GK49/23 对地电压	5V	正常
OFF，断开蓄电池负极，断开 GK49、G44 插头	GK49/23—G44/3 线路电阻	无穷大	异常

②加速踏板深度传感器 1 信号线故障。故障码和数据流如图 3-10 和图 3-11 所示。

图 3-10　加速踏板深度传感器 1 信号线故障状态下读取的故障码

图 3-11　加速踏板深度传感器 1 信号线故障状态下读取的数据流

测量加速踏板深度传感器 1 信号线 G44/4 对地电压，正常加速踏板不踩下情况下应为 0.8V；加速踏板踩到底变为 4V。如果测量结果异常，始终为 0V，接着测量 GK49/62 对地电压。测量结果如果也为 0V 异常，那么接着断开蓄电池负极，测量 GK49/62 对地电阻或 G44/4 对地电阻，来判断 GK49/62—G44/4 是否存在对地短路故障，要注意的是，测量时我们先不需要断开 GK49 插头和 G44 插头，如果测量结果为 0Ω 异常，那么我们下一步再去分别断开 GK49 插头和 G44 插头，来判断对地短路故障是存在于线路之中，还是元件之中；如果测量 G44/4 的对地电阻或 GK49/62 的对地电阻为无穷大正常，且始终无法测出 G44/4 和 GK49/62 的 0.8V 电压，说明 GK49 元件故障。如果测量 G44/4 对地电压或者 GK49/62 对地电压始终为 5V 或者 12V，那么我们需要怀疑是否存在加速踏板深度传感器 1 信号线对电源短路故障，并且要根据测量的情况来判断短路的电源为常电，还是工作电源，或者是 5V 电源，当确认大致方向之后，断开蓄电池负极，测量 G44/4 或 GK49/62 对相应电源线的电阻，测量时我们先不需要断开 GK49 插头和 G44 插头，如果测量结果为 0Ω 异常，那么我们下一步再去分别断开 GK49 插头和 G44 插头，来判断短路故障是存在于线路之中，还是元件之中。如果使用故障诊断仪读取的加速踏板深度传感器 1 和加速踏板深度传感器 2 的数据流相同，我们还需要考虑加速踏板深度传感器 1 信号线和加速踏板深度传感器 2 信号线是否存在相互短路故障，断开蓄电池负极，测量 GK49/62—G44/4 和 GK49/48—G44/1 之间的电阻，测量时我们先不需要断开 GK49 插头和 G44 插头，如果测量结果为 0Ω 异常，那么我们下一步再去分别断开 GK49 插头和 G44 插头，来判断短路故障是存在于线路之中，还是元件之中。如果测得 G44/4 对地电压异常为 0V，测得 GK49/62 对地电压 0.8V 结果正常，接着断开蓄电池负极，断开 G44 插头和 GK49 插头，测量 GK49/62—G44/4 之间线路电阻值，测量结果为无穷大异常。

最终故障点：GK49/62—G44/4 之间线路断路。GK49/62—G44/4 之间线路断路故障测量表见表 3-4。

表 3-4　GK49/62—G44/4 之间线路断路故障测量表

测试条件	测试对象	测试结果	结果判断
ON	G44/4 对地电压	0V	异常
ON	GK49/62 对地电压	0.8V	正常
OFF，断开蓄电池负极，拔下 GK49、G44 插头	GK49/62—G44/4 线路电阻	无穷大	异常

③加速踏板深度传感器 1 接地线故障。故障码和数据流如图 3-12 和图 3-13 所示。

图 3-12　加速踏板深度传感器 1 接地线故障状态下读取的故障码

图 3-13　加速踏板深度传感器 1 接地线故障状态下读取的数据流

断开蓄电池负极，测量加速踏板深度传感器 1 接地线 G44/5 对地电阻，正常情况下应为 0Ω。如果测量结果为无穷大异常，接着测量 GK49/37 对地电阻。如果测量结果也为无穷大异常，那结果为 GK49 整车控制器元件故障；如果测量结果为 0Ω 正常，接着断开蓄电池负极，断开 G44 插头和 GK49 插头，测量 GK49/37—G44/5 之间线路电阻值，如果测量结果为无穷大，则最终故障点为：GK49/37—G44/5 之间线路断路。

最终故障点： GK49/37—G44/5 之间线路断路。GK49/37—G44/5 之间线路断路故障测量表见表 3-5。

表 3-5　GK49/37—G44/5 之间线路断路故障测量表

测试条件	测试对象	测试结果	结果判断
ON	G44/5 对地电阻	无穷大	异常
ON	GK49/37 对地电阻	0Ω	正常
OFF，断开蓄电池负极，拔下 GK49、G44 插头	GK49/37—G44/5 线路电阻	无穷大	异常

④加速踏板深度传感器 2 电源线故障。故障码和数据流如图 3-14 和图 3-15 所示。

图 3-14　加速踏板深度传感器 2 电源线故障状态下读取的故障码

图 3-15　加速踏板深度传感器 2 电源线故障状态下读取的数据流

测量加速踏板深度传感器 2 电源线 G44/2 对地电压，正常应为 5V。如果测量结果为 0V 异常，接着测量 GK49/24 对地电压。测量结果如果也为 0V 异常，那接下来断开蓄电池负极，测量 G44/2 的对地电阻或 GK49/24 的对地电阻来判断 G44/2—GK49/24 这段线路是否存在对地短路故障，要注意的是，测量时我们先不需要断开 GK49 插头和 G44 插头，如果测量结果为 0Ω 异常，那么我们下一步再去分别断开 GK49 插头和 G44 插头，来判断对地短路故障是存在于线路之中，还是其中一个元件之中；如果测量 G44/2 的对地电阻或 GK49/24 的对地电阻为无穷大正常，且始终无法测出 G44/2 和 GK49/24 对地的 5V 电压，说明 GK49 元件故障。如果测得 G44/2 对地电压异常为 0V，测得 GK49/24 对地电压 5V 结果正常，接着断开蓄电池负极，断开 G44 插头和 GK49 插头，测量 GK49/24—G44/2 之间线路电阻值，测量结果为无穷大异常。

最终故障点： GK49/24—G44/2 之间线路断路。GK49/24—G44/2 之间线路断路故障测量表见表 3-6。

表 3-6　GK49/24—G44/2 之间线路断路故障测量表

测试条件	测试对象	测试结果	结果判断
ON	G44/2 对地电压	0V	异常
ON	GK49/24 对地电压	5V	正常
OFF，断开蓄电池负极，拔下 GK49、G44 插头	GK49/24—G44/2 线路电阻	无穷大	异常

⑤加速踏板深度传感器 2 信号线故障。故障码和数据流如图 3-16 和图 3-17 所示。

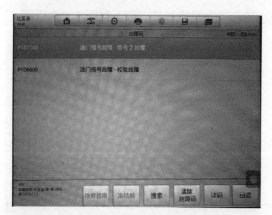

图 3-16　加速踏板深度传感器 2 信号线故障状态下读取的故障码

图 3-17　加速踏板深度传感器 2 信号线故障状态下读取的数据流

信号线 G44/1 对地电压，正常加速踏板不踩下情况下应为 0.4V；加速踏板踩到底变为 2V。如果测量结果异常始终为 0V，接着测量 GK49/48 对地电压。测量结果如果也始终为 0V 异常，那么接着断开蓄电池负极，测量 GK49/48 对地电阻或 G44/1 对地电阻，来判断 GK49/48—G44/1 这段线路是否存在对地短路故障，要注意的是，测量时我们先不需要断开 GK49 插头和 G44 插头，如果测量结果为 0Ω 异常，那么我们下一步再去分别断开 GK49 插头和 G44 插头，来判断对地短路故障是存在于线路之中，还是其中一个元件之中；如果测量 G44/1 的对地电阻或 GK49/48 的对地电阻为无穷大正常，且

始终无法测出 G44/1 和 GK49/48 的 0.4V 电压，说明 GK49 元件故障。如果测量 G44/1
对地电压或者 GK49/48 对地电压始终为 5V 或者 12V，那么我们需要怀疑是否存在加速
踏板深度传感器 2 信号线对电源短路故障，并且要根据测量的情况来判断短路的电源为
常电，还是工作电源，或者是 5V 电源，当确认大致方向之后，断开蓄电池负极，测量
G44/1 或 GK49/48 对电源线的电阻，测量时我们先不需要断开 GK49 插头和 G44 插头，
如果测量结果为 0Ω 异常，那么我们下一步再去分别断开 GK49 插头和 G44 插头，来判
断短路故障是存在于线路之中，还是元件之中。如果使用故障诊断仪读取的加速踏板深
度传感器 1 和加速踏板深度传感器 2 的数据流相同，我们还需要考虑加速踏板深度传感
器 1 信号线和加速踏板深度传感器 2 信号线存在相互短路故障，断开蓄电池负极，测量
GK49/62—G44/4 和 GK49/48—G44/1 之间的电阻，测量时我们先不需要断开 GK49 插头
和 G44 插头，如果测量结果为 0Ω 异常，那么我们下一步再去分别断开 GK49 插头和
G44 插头，来判断对地短路故障是存在于线路之中，还是元件之中。如果测得 G44/1 对
地电压异常为 0V，测得 GK49/62 对地电压 0.4V 结果正常，接着断开蓄电池负极，断
开 G44 插头和 GK49 插头，测量 GK49/48—G44/1 之间线路电阻值，测量结果为电阻无
穷大。

最终故障点：GK49/48—G44/1 之间线路断路。GK49/48—G44/1 之间线路断路故障
测量表见表 3-7。

表 3-7　GK49/48—G44/1 之间线路断路故障测量表

测试条件	测试对象	测试结果	结果判断
ON	G44/1 对地电压	0V	异常
ON	GK49/48 对地电压	0.4V	正常
OFF，断开蓄电池负极，拔下 GK49、G44 插头	GK49/48—G44/1 线路电阻	无穷大	异常

⑥加速踏板深度传感器 2 接地线故障。故障码和数据流如图 3-18 和图 3-19 所示。

接地线 G44/6 对地电阻，正常情况下应为 0Ω。如果测量结果为无穷大异常，接着
测量 GK49/38 对地电阻。测量结果如果也为无穷大异常，那故障为 GK49 整车控制器元
件故障；如果测量结果为 0Ω 正常，接着断开蓄电池负极，断开 G44 插头和 GK49 插头，
测量 GK49/38—G44/6 之间线路电阻值，测量结果为无穷大异常。

图 3-18　加速踏板深度传感器 2 接地线故障状态下　　　图 3-19　加速踏板深度传感器 2 接地线故障状态下
　　　　　读取的故障码　　　　　　　　　　　　　　　　读取的数据流

最终故障点：GK49/38—G44/6 之间线路断路。GK49/38—G44/6 之间线路断路故障测量表见表 3-8。

表 3-8　GK49/38—G44/6 之间线路断路故障测量表

测试条件	测试对象	测试结果	结果判断
ON	G44/6 对地电阻	无穷大	异常
ON	GK49/38 对地电阻	0Ω	正常
OFF，断开蓄电池负极，拔下 GK49、G44 插头	GK49/38—G44/6 线路电阻	无穷大	异常

（4）小结

读取整车控制器加速踏板数据流，正常加速踏板深度传感器电压 1 为 2 的 2 倍，加速踏板深度传感器 1 的电压范围为 0.8~4V；加速踏板深度传感器 2 的电压范围为 0.4~2V。

3. 制动真空泵相关故障

（1）故障现象

①启动车辆，"OK"灯点亮，仪表显示"请检查制动系统"，如图 3-20 所示。

②踩踏、松开制动踏板，真空泵可以工作，制动灯可以正常点亮。

（2）诊断分析思路

因为整车有两个真空泵继电器，所以如果其中一个不工作并不会导致真空泵本身不工作，所以可以通过真空泵的工作声音去确认真空泵本身是否正常。接着进一步使用故障诊断仪，读取相关故障码和相关数据流，根据故障码的提示和数据流的显示，去进一步缩小故障范围。当故障码和数据流同时出现真空泵继电器 1 故障和真空泵继电器 2 故障时，我们优先考虑电动真空泵（EVP）检测线，因为整车控制器是通过 EVP 检测线去检测制动真空泵是否工作。

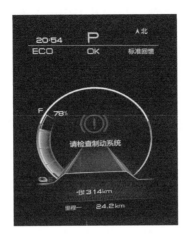

图 3-20　制动真空泵相关故障时仪表显示的状态

故障码如图 3-21 所示，数据流如图 3-22 所示。

图 3-21　EVP 检测线相关故障状态下读取的故障码　　图 3-22　EVP 检测线相关故障状态下读取的数据流

（3）检测过程记录

①当故障码和数据流同时提示真空泵继电器 1 故障和真空泵继电器 2 故障时，我们需要使车辆上电，测量 GK49/17 对地电压，如果测得结果为 12V 正常，那么故障为 GK49 元件故障。如果测量结果为 0V 异常，接着测量 F1/5 熔丝上游对地电压，如果测量结果为 12V 正常，说明上游供电正常，继电器至少有一个开始工作。接着测量 F1/5 熔丝下游，如果测量结果为 0V，说明熔丝本身存在故障或线路存在对地短路故障导致熔丝损坏，接着断开蓄电池负极，测量熔丝下游对地的电阻，测量结果如果为 0Ω，那

么我们需要缩小到最小故障范围，拔下 F1/5 熔丝，拔下 B1D/19 插头，测量 F1/5 熔丝下游—B1D/19 这段线路对地电阻，如果测量结果为 0Ω 异常，则最终故障点为 F1/5 熔丝下游—B1D/19 对地短路。如果 F1/5 熔丝下游—B1D/19 这段线路对地电阻为无穷大正常，那么接着继续断开 BJG01/GJB01 插接器，测量 B1D/19—BJG01/43 这段线路对地电阻，如果测量结果为 0Ω 异常，那么最终故障点为：B1D/19—BJG01/43 对地短路；如果测量结果为无穷大正常，接着继续拔下 GK49 插头，测量 GJB01/43—GK49/17 对地电阻为 0Ω 异常，最终故障点为：GJB01/43—GK49/17 对地短路。

如果测量 F1/5 熔丝下游对地电阻为无穷大正常，那么接着拔下 F1/5 熔丝，测量 F1/5 熔丝的电阻，电阻值为无穷大，最终故障点为：F1/5 熔丝损坏。

如果测量 F1/5 熔丝下游对地电压正常为 12V，接着测量 B1D/19 对地电压，如果测量结果为 0V，那么接着断开蓄电池负极，拔下 F1/5 熔丝，拔下 B1D 插头，测量 F1/5 熔丝座下游—B1D/19 之间线路电阻值，测量结果为无穷大异常，最终故障点为：F1/5 熔丝座下游—B1D/19 之间线路断路。

如果测量 B1D/19 对地电压为 12V 正常，那么接着测量 BJG01/43 对地电压，如果测量结果为 0V，那么接着断开蓄电池负极，拔下 B1D 插头，断开 BJG01/GJB01 插接器，测量 B1D/19—BJG01/43 之间线路电阻值，测量结果为无穷大异常，最终故障点为：B1D/19—BJG01/43 之间线路断路。

如果测量 BJG01/43 对地电压为 12V 正常，测量 GK49/17 对地电压为 0V 异常，那么接着断开蓄电池负极，断开 BJG01/GJB01 插接器，拔下 GK49 插头，测量 GJB01/43—GK49/17 之间线路电阻值，结果为无穷大异常。

最终故障点为：GJB01/43—GK49/17 之间线路断路。GJB01/43—GK49/17 之间线路断路故障测量表见表 3-9。

表 3-9　GJB01/43—GK49/17 之间线路断路故障测量表

测试条件	测试对象	测试结果	结果判断
ON	GK49/17 对地电压	0V	异常
ON	F1/5 熔丝下游对地电压	12V	正常
ON	B1D/19 对地电压	12V	正常
ON	BJG01/43 对地电压	12V	正常
OFF，断开 BJG01/GJB01 插接器，拔下 GK49 插头	GJB01/43—GK49/17 之间线路电阻值	无穷大	异常

②真空泵继电器 1 故障时，故障码和数据流如图 3-23 和图 3-24 所示。

图 3-23　真空泵继电器 1 相关故障状态下
读取的故障码

图 3-24　真空泵继电器 1 相关故障状态下
读取的数据流

我们先拔下 K1-10 真空泵继电器 1，测量 K1-10 真空泵继电器 1 的 30 号脚的对地电压，正常应为 12V。如果测量为 0V，那么接着测量 F1/37 熔丝下游对地电压。如果测量结果也为 0V，那么接着测量 F1/37 熔丝上游电压，如果测量结果为 12V 正常，此时发现 F1/37 熔丝已经损坏，那么我们需要确认下游线路是否对地短路。接着断开蓄电池负极，测量 F1/37 熔丝下游对地电阻，测量结果如果为 0Ω，则 F1/37 熔丝—K1-10 真空泵继电器 1 底座的 30 脚对地短路；如果测量对地电阻为无穷大，那么接着测量 F1/37 熔丝两脚之间的电阻，为无穷大，最终故障点为：F1/37 熔丝损坏。如果测量 F1/37 熔丝下游结果为 12V 正常，接着断开蓄电池负极，拔下 F1/37 熔丝，测量 F1/37 熔丝下游—K1-10 真空泵继电器 1 底座的 30 脚之间的电阻，测量结果为无穷大，可判断为最终故障点：F1/37 熔丝下游—K1-10 真空泵继电器 1 底座的 30 脚之间线路断路。如果 K1-10 真空泵继电器 1 的 30 号脚的对地电压测量结果为 12V 正常（计算机通过继电器控制线检测故障，所以继电器单一供电故障，并不会导致故障码），接下来车辆上电，测量 K1-10 真空泵继电器 1 底座的 85 和 86 号脚的电压，正常情况下为 12V。如果测量结果为 0V，那么接着测量 GK49/41 对地的电压。如果测量结果为 0V 正常，那么接着测量 GJB01/27 对地的电压。如果结果为 12V，那么我们需要使用电阻法确认最终故障点，接着车辆下电，断开蓄电池负极，拔下 GK49 插头，断开 GJB01/BJG01 插接器，测量 GJB01/27—GK49/41 之间的线路电阻为无穷大，则最终故障点为：GJB01/27—GK49/41 之间线路断路。如果测量 GJB01/27 对地的电压结果为 0V，那么继续测量 B1D/28 对地电压，如果结果为 12V，那么接着使用电阻法确认最终故障点，断开蓄电池负极，拔下

B1D插头,断开BJG01/GJB01插接器,测量B1D/28—BJG01/27之间的线路电阻为无穷大。

最终故障点为:B1D/28—BJG01/27之间线路断路。B1D/28—BJG01/27之间线路断路故障测量表见表3-10。

表3-10　B1D/28—BJG01/27之间线路断路故障测量表

测试条件	测试对象	测试结果	结果判断
ON	K1-10真空泵继电器1的30号脚的对地电压	12V	正常
ON	GJB01/27对地电压	12V	异常
OFF,断开蓄电池负极,拔下B1D、GK49插头	B1D/28—GJB01/27线路电阻	无穷大	异常
OFF,拔下GJB01插头	BJG01/27—GK49/41线路电阻	0Ω	正常
OFF	B1D/28—BJG01/27线路电阻	无穷大	异常

③真空泵继电器2故障时,故障码和数据流如图3-25和图3-26所示。

图3-25　真空泵继电器2相关故障状态下
读取的故障码

图3-26　真空泵继电器2相关故障状态下
读取的数据流

我们先拔下K1-12真空泵继电器2,测量K1-12真空泵继电器2的30号脚的对地电压,正常应为12V。如果测量为0V,那么接着测量F1/44熔丝下游对地电压。如果测量结果也为0V,那么接着测量F1/44熔丝上游电压,如果测量结果为12V正常,此时发现F1/44熔丝已经损坏,那么我们需要确认下游线路是否对地短路。接着断开蓄电池负极,测量F1/44熔丝下游对地电阻,测量结果如果为0Ω,则F1/44熔丝—K1-12真空泵继电器2底座的30脚对地短路;如果测量对地电阻为无穷大,那么接着测量F1/44熔丝两脚之间的电阻,为无穷大,最终故障点为:F1/44熔丝损坏。如果测量F1/44熔丝下游结果为12V正常,接着断开蓄电池负极,拔下F1/44熔丝,测量F1/44熔丝下游—K1-12真空泵继电器2底座的30脚之间的电阻,测量结果为无穷大,可判断为最终故障点:F1/44熔丝下游—K1-12真空泵继电器2底座的30脚之间线路断路。如果测量

K1-12 真空泵继电器 2 的 30 号脚的对地电压结果为 12V 正常，接下来车辆上电，测量 K1-12 真空泵继电器 1 底座的 85 和 86 号脚的电压，正常情况下为 12V。如果测量结果为 0V，那么接着测量 GK49/55 对地的电压。如果测量结果为 0V 正常，那么接着测量 GJB01/41 对地的电压。如果结果为 12V，那么我们需要使用电阻法确认最终故障点，接着车辆下电，断开蓄电池负极，拔下 GK49 插头，断开 GJB01/BJG01 插接器，测量 GJB01/41—GK49/55 之间的线路电阻为无穷大，则最终故障点为：GJB01/41—GK49/55 之间线路断路。如果测量 GJB01/41 对地的电压结果为 0V，那么继续测量 B1D/11 对地电压，如果结果为 12V，那么接着使用电阻法确认最终故障点，断开蓄电池负极，拔下 B1D 插头，断开 GJB01/BJG01 插接器，测量 B1D/11—BJG01/41 之间的线路电阻为无穷大。

最终故障点为： B1D/11—BJG01/41 之间线路断路。B1D/11—BJG01/41 之间线路断路故障测量表见表 3-11。

表 3-11　B1D/11—BJG01/41 之间线路断路故障测量表

测试条件	测试对象	测试结果	结果判断
ON	K1-12 真空泵继电器 2 的 30 号脚的对地电压	12V	正常
ON	GJB01/41 对地电压	12V	异常
OFF，断开蓄电池负极，拔下 B1D、GK49 插头	B1D/11—GJB01/41 线路电阻	无穷大	异常
OFF，拔下 GJB01 插头	BJG01/41—GK49/55 线路电阻	0Ω	正常
OFF	B1D/11—BJG01/41 线路电阻	无穷大	异常

（4）小结

通过读取故障码和数据流来判断是哪一个真空泵继电器故障来缩小范围，再去通过电压、电阻测量来确认最终故障。

4. EPB 相关故障

（1）故障现象

①启动车辆，"OK"灯点亮，仪表显示"请检查电子驻车系统"，如图 3-27 所示。
②使用 EPB 开关无法解锁电子驻车。

（2）诊断思路

先去操作车辆电子驻车按钮，发现车辆无法使用 / 解除电子驻车功能，观察仪表发现显示"请检查电子驻车系统"，再去通过诊断仪读取故障码和数据流。根据故障码或数据流异常的地方去进行测量，从而排除故障，优先去诊断电源故障，再去通过电压和电阻法测量线路上的故障。

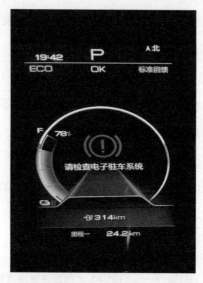

图 3-27　EPB 相关故障时仪表显示的状态

（3）检测过程记录

①故障码显示"C111013　点火开关电路故障"，如图 3-28 所示。

图 3-28　EPB 故障状态下读取的故障码

故障码和仪表提示 EPB ECU 模块存在异常，则 EPB ECU 存在电源故障或通信故障。车辆上电，测量 K31/22 电压，正常电压为 12V，若测得 K31/22 电压异常，说明 EPB ECU 的 15 工作电存在异常。接着测量 F2/28 下游电压 12V，说明 15 工作电源供电正常，则 F2/28—K31/22 存在故障。车辆下电，断开蓄电池负极，拔下 K31 插头，测量 F2/28—K31/22 线路电阻，测量结果无穷大，说明 F2/28—K31/22 线路存在故障，缩小故障范围；测量 F2/28—K2G/15 线路电阻，测得结果为 0Ω 正常，若结果为无穷大，说明 F2/28—K2G/15 线路断路。

最终故障点为：F2/28—K2G/15 线路断路。F2/28—K2G/15 线路断路故障测量表见表 3-12。

表 3-12 F2/28—K2G/15 线路断路故障测量表

测试条件	测试对象	测试结果	结果判断
ON	K31/22—地电压	0V	异常
ON	F2/28—地电压	12V	正常
OFF，断开蓄电池负极，拔下 F2/28 熔丝、K31 插头	F2/28—K31/22 线路电阻	无穷大	异常
OFF，拔下 K2G 插头	K2G/15—K31/22 线路电阻	0Ω	正常
OFF	F2/28—K2G/15 线路电阻	无穷大	异常

②故障码显示"C113016 左侧执行器供电欠电压""C115009 左侧驱动电路或执行器故障"，说明左侧 EPB 电机存在故障。测量 K31/15 对地电压，正常为 12V，若电压异常，说明左侧 EPB 的 30 常供电可能存在异常。测量 F2/47 上游电压，正常为 12V，若为 0V，说明 B2F/1—F2/47 线路存在故障，故障点为 B2F/1—F2/47 线路断路。测量 K2G/29 对地电压，正常为 12V，若电压异常，说明 K2G/29—F2/47 上游存在异常，下电，断开蓄电池负极，测量 F2/47 熔丝上下游电阻 0Ω 正常，无穷大说明 F2/47 熔丝损坏或 F2/47 熔丝下游对地短路；测量 F2/47 下游对地电阻无穷大正常，0Ω 异常说明 F2/47 熔丝下游存在对地短路故障。接着断开 K2G 插头，测量 F2/47 下游—K2G/29 对地短路，还是 K2G/29—K31/15 对地短路，或者 EPB ECU 模块内部对地短路，测得结果为 0Ω 则继续测量，K2G/29—K31/15 线路电阻 0Ω 正常，无穷大说明 K2G/29—K31/15 线路断路。

最终故障点为：K2G/29—K31/15 线路断路。K2G/29—K31/15 线路断路故障测量表见表 3-13。

表 3-13 K2G/29—K31/15 线路断路故障测量表

测试条件	测试对象	测试结果	结果判断
ON	K31/15—地电压	0V	异常
ON	F2/47 上游—地电压	12V	正常
OFF，断开蓄电池负极，拔下 K2G 插头	F2/47 上游—K2G/29 线路电阻	0Ω	正常
OFF，拔下 K31 插头	K2G/29—K31/15 线路电阻	无穷大	异常

③故障码显示"C113116 右侧执行器供电欠电压"，说明右侧 EPB 电机存在故障。测量 K31/13 对地电压，正常为 12V，若电压异常，说明右侧 EPB 的 30 常供电可

能存在异常。测量 F2/48 上游电压，正常为 12V，若为 0V，说明 B2F/1—F2/48 线路存在故障，故障点为 B2F/1—F2/48 线路断路。测量 G2D/5 对地电压，正常为 12V，若电压异常，说明 G2D/5—F2/48 上游存在异常，下电，断开蓄电池负极，测量 F2/48 熔丝上下游电阻 0Ω 正常，无穷大说明 F2/48 熔丝损坏或 F2/48 熔丝下游对地短路；测量 F2/48 下游对地电阻无穷大正常，0Ω 异常说明 F2/48 熔丝下游存在对地短路故障。接着断开 G2D、GJK02、K31 插头，测量 F2/48 下游—G2D/5 对地短路，还是 G2D/5—GJK02/1 对地短路，还是 KJG02/1—K31/13 对地短路，或者 EPB ECU 模块内部对地短路，测得结果为 0Ω 则继续测量，G2D/5—GJK02/1 线路电阻 0Ω 正常，无穷大说明 G2D/5—GJK02/1 线路断路，继续测量 KJG02/1—K31/13 线路电阻 0Ω 正常，无穷大说明 KJG02/1—K31/13 线路断路。

最终故障点为： KJG02/1—K31/13 线路断路。KJG02/1—K31/13 线路断路故障测量表见表 3-14。

表 3-14　KJG02/1—K31/13 线路断路故障测量表

测试条件	测试对象	测试结果	结果判断
ON	K31/13—地电压	0V	异常
ON	F2/48 上游—地电压	12V	正常
OFF，断开蓄电池负极	F2/48 上游—KJG02/1 线路电阻	0Ω	正常
OFF，拔下 GJK02、K31 插头	KJG02/1—K31/13 线路电阻	无穷大	异常

（4）小结

首先上电去观察仪表有无故障现象，再去操作 EPB 开关观察是否可以打开和解除电子驻车功能，进一步去通过诊断仪来读取故障码和数据流来做进一步的分析和判断故障范围。由于 EPB 存在左右两个电机，一定要观察好故障码，不要看错测错了，再去通过电压法排查故障位置，用电阻法缩小故障范围并确认最终故障点。

5. EPS 相关故障

（1）故障现象

①启动车辆，"OK"灯点亮，仪表显示"请检查转向系统"，方向盘警告灯持续点亮，如图 3-29 所示。

②转动方向盘异常沉重，转向助力失效。

图 3-29 EPS 相关故障时仪表显示状态

（2）诊断分析思路

首先车辆上电，观察仪表上是否有警告灯显示，车辆是否有警告声，观察到故障再去转动一下方向盘是否正常，发现转动方向盘异常沉重，使用诊断仪读取故障码，再去使用万用表进行缩小范围并锁定故障点。

（3）检测过程记录

故障码显示"U013487　与电动助力转向（EPS）模块失去通信"，如图 3-30 所示，说明 EPS 模块存在通信故障导致无法与仪表进行信息交互。

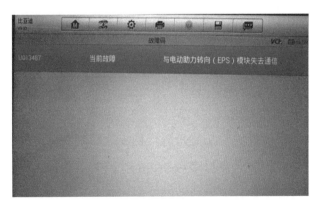

图 3-30 EPS 故障状态下读取的故障码

首先测量它的 15 工作电，测量 BG86/8 对地电压正常 12V，若电压异常，说明 EPS 的供电端存在故障。测量 F2/35 下游对地电压，正常 12V，若电压异常，说明 F2/35 熔丝及上游线路存在异常。测量 F2/35 熔丝上游电压 12V 正常，若异常，说明 IG1/87 端子—F2/35 熔丝上游线路故障。拔下 F2/35 熔丝，测量 F2/35 熔丝两端电阻正常 0Ω，异常则 F2/35 熔丝损坏或虚接。测量 F2/35 下游—B2B/14 线路电阻正常 0Ω，若无穷大，则 F2/35—B2B/14 线路断路。测量 B2B/14—BG86/8 线路电阻正常 0Ω，若无穷大，则 B2B/14—BG86/8 线路断路。

最终故障点为：B2B/14-BG86/8 线路断路。B2B/14—BG86/8 线路断路故障测量表见表 3-15。

表 3-15　B2B/14—BG86/8 线路断路故障测量表

测试条件	测试对象	测试结果	结果判断
ON	BG86/8—地电压	0V	异常
ON	B2B/14—地电压	12V	正常
OFF，断开蓄电池负极，拔下 B2B、BG86 插头	B2B/14—BG86/8 线路电阻	无穷大	异常

再去测量 EPS 的搭铁端，测量 B23/1 对地电压正常 0V，若电压 12V，说明 EPS 的搭铁端存在故障。测量 B23/1—Eb08 线路电阻，若无穷大，说明 B23/1—Eb08 线路断路。观察发现搭铁线中间无节点。

最终故障点为：B23/1—Eb08 线路断路。B23/1—Eb08 线路断路故障测量表见表 3-16。

表 3-16　B23/1—Eb08 线路断路故障测量表

测试条件	测试对象	测试结果	结果判断
ON	B23/1—地电压	0V	正常
OFF，断开蓄电池负极，拔下 B23 插头	B23/1—Eb08 线路电阻	无穷大	异常

（4）小结

第一步观察仪表操纵该模块的功能来进行初步故障判断，再去通过诊断仪和万用表来缩小锁定最终的故障范围。且测量多端插头的线路时，在确认最终故障点前一定要把无关的插头都拔下，否则会影响测量的准确性和可靠性。

四　总结

与高压上电一样，行驶异常所涉及的现象和因素也很多，而且每一部分的独立性更强，要根据具体的现象，借助诊断仪和针对性测量进行综合判断。

第四章

比亚迪秦 EV

充电系统故障诊断

一　控制原理分析

在分析充电故障时，当出现车辆无法交流慢充时，具体故障原因应从车辆自身、充电设备、充电供电设备去进行诊断。

交流慢充控制原理如图 4-1 所示。

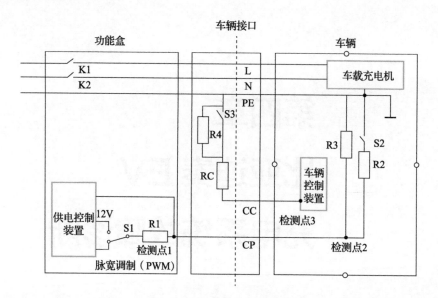

图 4-1　交流慢充控制原理图

交流慢充的控制过程如下：

①CC 信号：通过改变检测点 3 和 PE 之间的电阻电阻值来改变车辆控制装置端电压，以判断车辆交流慢充插座与交流慢充枪的连接状态，同时确定当前充电连接装置的额定容量。

②CP 信号：车辆通过检测点 2 的脉宽调制（PWM）信号占空比确认当前供电设备的最大供电电流。供电控制装置通过检测点 1 的电压判断车辆是否准备就绪。

③当满足 CC 和 CP 信号时，车载充电机（OBC）进行自检，自检完成没有故障并且电池组处于可充电状态，S2 开关闭合。

④此时满足所有慢充条件，K1、K2 闭合，车辆开始充电。

二 诊断分析思路

根据仪表显示的充电连接指示灯来确认充电枪连接是否正常，判断是 CC 信号的故障，还是 CC 信号以外的交流充电系统等相关控制模块及其线路故障。

正常情况下充电连接指示灯不点亮，当插枪之后仪表上充电连接指示灯应常亮。

三 故障点分析

1. CC 充电连接确认线故障

（1）故障现象

①车辆上电正常，"OK"灯点亮。

②车辆连接交流慢充充电枪，仪表充电连接指示灯不亮。

③车辆连接交流慢充充电枪，进行交流慢充操作，车辆无任何反应。

（2）诊断思路

插上充电枪后，仪表充电连接指示灯不能正常点亮，说明交流慢充充电枪—交流慢充充电口—充配电总成—电池管理器—仪表存在问题。车辆上电正常，仪表无任何故障提示，"OK"灯点亮，说明车辆高压上电正常。

可能的故障原因有：交流慢充充电枪故障，CC 充电连接确认线故障，充电连接信号线故障。基于故障的优先排除顺序，我们应先检查线路故障，最后再去确认元件故障。

（3）检测过程记录

使用诊断仪：无故障码。

OBC 数据流显示"充电枪连接状态：断开"，如图 4-2 所示。

如图 4-3 所示，连接充电枪，测量充电连接确认线 CC BK46/4 对地电压，正常电压应从充电枪连接前的 11V 变为充电枪连接后的 1.2V。如果测量结果始终为 11V，说明充配电总成没有收到充电枪连接信号，那么接着断开蓄电池负极，使用万用表测量 KB53（B）/2—BK46/4 线路之间的电阻值，确认线路断路后，再进一步缩小故障范围，分别测量 KB53（B）/2—KJB01/7 和 BK46/4—BJK01/7 之间的线路电阻值，确定最终故障点。

图 4-2　充电枪连接状态数据流

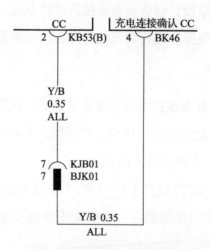

图 4-3　CC 充电连接确认线电路图

如果充电连接确认线 CC BK46/4 对地电压测量结果正常，那么我们进一步测量充电连接信号 BK46/6 的对地电压，正常应从连接充电枪前的 9V 变为连接充电枪后的 2.8V。如果测量结果始终为 2.8V 异常，那么我们断开蓄电池负极，测量 BK46/6—BK45（B）/20 之间的线路电阻值，正常应为 0Ω，如果测量结果为无穷大，那么我们可以确认最终故障点。

如果线路测量结果全都为正常，那么我们需要对充电枪进行测量，如图 4-4 所示，测量充电枪 CC 和 PE 之间的元件内部电阻值，正常 S3 闭合时应为 680Ω 左右，S3 断开时应为 3380Ω 左右，如果测量结果为无穷大异常，我们可以确认最终故障点为交流慢充充电枪元件内部 CC 和 PE 之间存在断路。

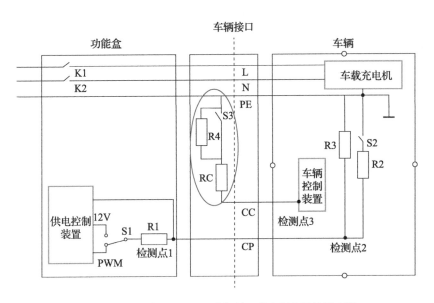

图 4-4　充电枪 CC 和 PE 之间的元件内部电阻值示意图

接下来，我们以充电连接相关部分的一个具体的故障点为例，来记录测量过程。

最终故障点：KB53（B）/2—KJB01/7 线路断路。KB53（B）/2—KJB01/7 线路断路故障测量表见表 4-1。

表 4-1　KB53（B）/2—KJB01/7 线路断路故障测量表

测试条件	测试对象	测试结果	结果判断
连接充电枪	BK46/4 对地电压	11V	异常
OFF，断开蓄电池负极	BK46/4—KB53（B）/2 线路电阻	无穷大	异常
OFF，拔下 BK46、KB53（B）、BJK01 插头	BJK01/7—BK46/4 线路电阻	0Ω	正常
OFF	KB53（B）/2—KJB01/7 线路电阻	无穷大	异常

（4）小结

由于插枪之后，仪表无充电连接显示，此时应先查线路故障。测量发现连接充电枪后充配电总成端 CC 线电压无变化，说明充配电总成并未感知到充电枪连接，优先测线路是否正常，再去逐一排查元件内部的故障。

2. CP 充电控制引导线故障

（1）故障现象

①车辆上电正常，"OK"灯点亮。

②连接充电枪进行充电，仪表充电连接指示灯正常点亮，但无其他任何反应。

（2）诊断分析思路

根据仪表充电连接指示灯正常点亮，但没有其他任何反应，故障原因可能为除了 CC 信号以外的交流充电系统等相关控制模块及其线路故障。

（3）检测过程记录

使用诊断仪读取故障码，无故障码。

如图 4-5 所示，测量 BK46/5 对地电压，正常应从未连接充电枪时的 0.5V 变为连接充电枪后的 –7.8V。如果测量结果为正常，那么最终故障点为充配电总成元件内。如果测量电压始终为 0.5V，为异常，接着断开蓄电池负极，测量 BK46/5—交流充电口 CP 之间的电阻，确认这段线是否存在故障，正常应为 0Ω。如果测量结果异常，接着拔下 KB53（B）和 BK46 插头，断开 KJB01/BJK01 插接器，测量交流充电口 CP—KB53（B）/1、KB53（B）/1—KJB01/2 和 BK46/5—BJK01/2 之间的线路电阻值来确认最终故障点，如果线路测量结果都为正常，那么故障点为充电枪元件故障。

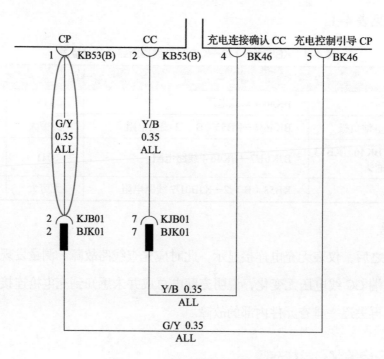

图 4-5　CP 充电控制引导线电路图

最终故障点：KB53（B）/1—KJB01/2 线路断路。KB53（B）/1—KJB01/2 线路断路测量表见表 4-2。

表 4-2　KB53（B）/1—KJB01/2 线路断路测量表

测试条件	测试对象	测试结果	结果判断
连接充电枪	BK46/5 对地电压	0.5V	异常
OFF，断开蓄电池负极	BK46/5—KB53（B）/1 线路电阻	无穷大	异常
OFF，拔下 BK46、KB53（B）、BJK01 插头	BJK01/2—BK46/5 线路电阻	0Ω	正常
OFF	KB53（B）/1—KJB01/2 线路电阻	无穷大	异常

（4）小结

由于 CP 信号线断路，车辆无法检测到充电枪插头与插座是否完成连接，使得插充电枪时车辆充电连接指示灯无异常，但接通电源无任何反应。

3. PE 车身地故障

（1）故障现象

连接充电枪进行充电，仪表充电连接指示灯点亮，车辆无任何反应，如图 4-6 所示。

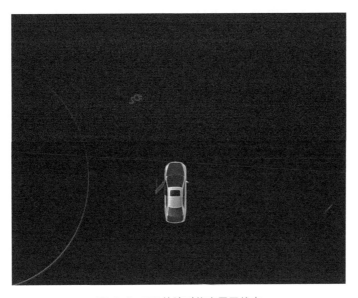

图 4-6　PE 故障时仪表显示状态

（2）诊断分析思路

充电连接指示灯可以点亮，说明 CC 信号线以及充电连接信号线正常，但是车辆无法正常充电，说明故障原因可能为除了 CC 信号以外的交流充电系统等相关控制模块及其线路故障，OBC 数据流充电枪连接状态始终为断开。

（3）检测过程记录

连接充电枪，测量 BK46/4 对地电压约 7V，不正常。测量 BK46/5 对地电压约 0V，不正常。正常应从未连接充电枪时的 0.5V 变为连接充电枪后的 -7.8V。拔下充电枪，测量充电枪端 CP 和 PE 端子间电压约 12V 正常。

CC 和 CP 电压都存在异常，在未插充电枪的情况下，进一步测量车辆端 CC 对地电压约 12V 正常，测量 CC 对 PE 端子电压约 0V 不正常。断开蓄电池负极，测量 PE 端子对地电阻无穷大，不正常，进一步确认为 PE 接地线脱落。

（4）小结

由于 PE 接地线脱落，车辆交流充电口失效。

4. 充电连接信号线故障

（1）故障现象

①车辆上电正常，"OK"灯点亮。

②车辆连接交流慢充充电枪，仪表显示充电连接指示灯不亮。

③车辆连接交流慢充充电枪，进行交流慢充操作，车辆无任何反应。

（2）诊断分析思路

插上充电枪后，仪表充电连接指示灯不能正常点亮，说明交流慢充充电枪—交流慢充充电口—充配电总成—电池管理器通过动力 CAN 至仪表存在问题，车辆上电正常，仪表无任何故障提示，说明动力 CAN 正常。

可能的故障原因有：交流慢充充电枪故障，CC 充电连接确认线故障，充电连接信号线故障。基于故障的优先排除顺序，我们应先检查线路故障，最后再去确认元件故障。

（3）检测过程记录

使用诊断仪：无故障码。

OBC 数据流显示"充电枪连接状态：断开"。

测量充电连接确认线 CC BK46/4 对地电压，正常电压应从充电枪连接前的 11V 变为充电枪连接后的 1.2V，如果测量结果正常，那么我们进一步测量充电连接信号 BK46/6 的对地电压，如图 4-7 所示。

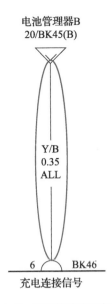

电池管理器B
20/BK45(B)

Y/B
0.35
ALL

6　　BK46
充电连接信号

图 4-7　充电连接信号电路图

正常应从连接充电枪前的 9V 变为连接充电枪后的 2.8V，如果测量结果始终为 2.8V 异常，那么我们断开蓄电池负极，测量 BK46/6—BK45（B）/20 之间的线路电阻值，正常应为 0Ω，如果测量结果为无穷大，那么我们可以确认最终故障点。

如果线路测量结果全都为正常，那么我们需要对充电枪进行测量，测量充电枪 CC 和 PE 之间的元件内部电阻值，正常应为 680Ω 左右，如果测量结果异常，我们可以确认最终故障点为交流慢充充电枪元件内部 CC 和 PE 之间存在断路。

接下来，我们以充电连接相关部分的一个具体的故障点为例，来记录测量过程。

最终故障点： BK46/6—BK45（B）/20 线路断路。BK46/6—BK45（B）/20 线路断路故障测量表见表 4-3。

表 4-3　BK46/6—BK45（B）/20 线路断路故障测量表

测试条件	测试对象	测试结果	结果判断
ON	BK46/6 对地电压	5V	异常
ON	BK45（B）/20 对地电压	11V	正常
OFF，断开蓄电池负极，拔下 BK46、BK45（B）插头	BK46/6—BK45（B）/20 线路电阻	无穷大	异常

（4）小结

由于充电连接信号线断路，BMS 无法接收到充配电总成的 CC 信号，无法将 CC 信号传输到仪表，充电连接指示灯不点亮。

四 总结

充电系统分为交流充电和直流充电，本章描述的是交流充电系统。对于充电系统的检修，需要清楚知道整个充电控制过程，以及各个控制节点几个控制线路电压值的变化。结合现象特别是仪表的显示，进行综合判断。

第五章
比亚迪秦 EV
灯光系统故障诊断

一 控制原理分析

在分析灯光故障时，我们主要看故障的共同性，汽车上的灯光基本都是同一部分灯光共用搭铁或供电，在发现灯光有多种故障现象时，我们应先考虑共同部分。

灯光控制原理图如图 5-1 所示。

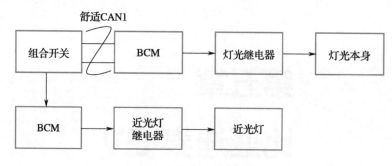

图 5-1　灯光控制原理图

近光灯的控制逻辑是当组合开关打到近光灯档上时，组合开关直接通过近光灯开启 / 关闭控制信号采集线发送信号给 BCM，BCM 收到开启近光灯信号时，给近光灯控制继电器接地，继电器工作后，常电通过继电器经过相关熔丝再经过近光灯到达相应接地形成回路。其他灯光的控制逻辑是，当组合开关在相应档位上时，组合开关通过舒适 CAN1 传递信号给 BCM，BCM 接收到信号之后再对相应的继电器做出闭合控制，常电通过继电器再经过相应熔丝和相应的灯到接地形成回路。

二 诊断分析思路

对于近光灯工作异常故障，根据控制流程，需要先观察其余灯光是否能正常工作，来判断开关本身（包括供电、搭铁、本身元件）是否存在故障，再进行进一步的测量去判断 BCM 是否接收到近光灯开启信号或是否发出了近光灯继电器控制信号，包括继电器本身是否正常、近光灯本身是否正常。

三 故障点分析

1. 组合开关供电（包含电源和搭铁）故障

（1）故障现象

①使用组合开关开启近光灯档，无任何反应。

②使用组合开关开启变光档，无任何反应。

③使用组合开关 AUTO 档，无任何反应。

④使用组合开关远光灯档，无任何反应。

⑤使用组合开关开启左、右转向灯档，无任何反应。

⑥操作危险警告灯，危险警告灯正常工作。

（2）诊断分析思路

①操作组合开关上的近光灯档、变光档、AUTO 档、远光灯档、转向灯档都无任何反应，说明组合开关本身及其相关线路或者灯泡本身及其相关线路存在故障。

②操作危险警告灯，危险警告灯正常工作，说明危险警告灯本身及其相关线路正常，又因为危险警告灯和转向灯是同一路控制输出，所以转向灯的控制输入存在故障。

从故障现象得出组合开关上的所有功能都失效，所以应先检查组合开关本身及其相关线路问题，可能的故障原因有：

①组合开关的供电故障。

②组合开关的搭铁故障。

③组合开关本身故障。

（3）检测过程记录

组合开关本身故障的情况下，使用万用表测量组合开关的供电 G02/5 对地的电压，正常应该为 12V。测得结果正常的情况下，如果是通过拔下 G02 插头测量的方法，那么我们还需要考虑到供电线路之间会不会存在虚接故障。那么进一步断开车辆电源，使用万用表先测量组合开关 G02/5—常电蓄电池正极之间电阻是否正常，此时如果测量结果异常，那么继续缩小范围，拔下 G02 和 G2E 插头，使用万用表测量：

① G02/5—G2E/7 之间的电阻。

② G2E/7—F2/42 熔丝下游之间的电阻。

③ F2/42 熔丝上游—F2/42 熔丝下游之间的电阻。

④ 常电—F2/42 熔丝上游之间的电阻。

组合开关供电电路图如图 5-2 所示。

如果测量组合开关 G02/5—F2/42 熔丝上游电阻正常，使用万用表继续测量组合开关的搭铁 G02/3 对地之间的电阻。如果测量结果异常，那么使用万用表测量 Eg01-1 和 G02/3 之间的线路电阻值，如果异常，则故障点为 Eg01-1—G02/3 之间线路断路或者 Eg01-1 搭铁点脱落；如果测量 G02/3 对地电阻也正常，那么故障只可能是组合开关本身元件故障。

最终故障点为：组合开关本身故障。组合开关本身故障测量表见表 5-1。

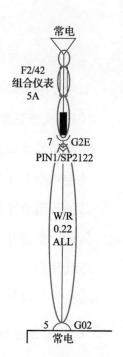

图 5-2　组合开关供电电路图

表 5-1　组合开关本身故障测量表

测试条件	测试对象	测试结果	结果判断
ON	G02/5 对地电压	12V	正常
OFF	G02/5—常电之间电阻	0Ω	正常
OFF	G02/3 对地电阻	0Ω	正常

使用万用表测量组合开关供电 G02/5 对地电压，测量结果正常应该为 B+，如果测量结果为 0V，那么说明组合开关供电线路存在故障。接着测量组合开关供电熔丝 F2/42，判断上游供电是否正常。测得结果如果为 B+，那么接着测量 G2E/7 对地电压，如果也为 B+，那么接着断开蓄电池负极，使用万用表测量 G2E/7—G02/5 之间线路电阻值为无穷大，接着测量 G2E/7—组合仪表的 G01/39 电阻为 0Ω 正常，所以故障点应为 G02/5—SP2122 节点线路断路，如图 5-3 所示。

最终故障点为：G02/5—SP2122 节点线路断路。G02/5—SP2122 节点线路断路故障测量表见表 5-2。

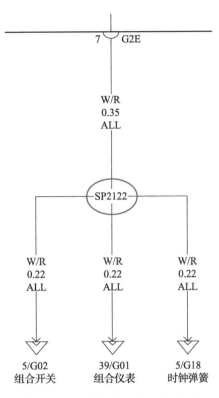

图 5-3　组合开关供电线路中间节点

表 5-2　G02/5—SP2122 节点线路断路故障测量表

测试条件	测试对象	测试结果	结果判断
ON	G02/5 对地电压	0V	异常
OFF	G02/5—G2E/7 之间线路电阻值	无穷大	异常
OFF	G01/39—G2E/7 之间线路电阻值	0Ω	正常

　　使用万用表测量组合开关的供电 G02/5 对地电压，正常应该为 B+，测得结果正常的情况下，如果是通过拔下 G02 插头测量的方法，那么我们还需要考虑到供电线路之间会不会存在虚接故障。那么进一步断开车辆电源，使用万用表先测量组合开关 G02/5—常电蓄电池正极之间电阻是否正常，如果正常，那么接着测量 G02/3 对地的电阻。测量结果正常应该为 0Ω，如果异常，那么我们需要测量 G02/3—Eg01-1 之间的电阻，正常应该为 0Ω，测量结果为无穷大，所以故障点为 G02/3—Eg01-1 之间线路断路。

　　最终故障点为：G02/3—Eg01-1 之间线路断路。G02/3—Eg01-1 之间线路断路故障测量表见表 5-3。

表 5-3　G02/3—Eg01-1 之间线路断路故障测量表

测试条件	测试对象	测试结果	结果判断
ON	G02/5 对地电压	12V	正常
OFF	G02/5—常电之间线路电阻值	0Ω	正常
OFF	G02/3 对地电阻	无穷大	异常
OFF	G02/3—Eg01-1 之间线路电阻值	无穷大	异常

（4）小结

当操作组合开关所有档位都没有反应时，应优先考虑开关本身及其供电的问题。此故障导致组合开关无法 30 供电，导致组合开关失效，操作组合开关无任何反应。

2. 组合开关的 CAN 线故障

（1）故障现象

①使用组合开关开启近光灯档，正常点亮。

②使用组合开关开启变光档，无任何反应。

③使用组合开关开启转向灯档，无任何反应。

④使用组合开关远光灯档，无任何反应。

⑤使用组合开关 AUTO 档，无任何反应。

（2）诊断分析思路

①使用组合开关开启近光灯，近光灯正常点亮，说明组合开关本身及其供电、搭铁正常。

②使用组合开关开启变光、转向、远光、AUTO 档，无任何反应，这些档位的信号是通过组合开关的舒适 CAN1 传输出去的，所以判断舒适 CAN1 可能存在问题，可能的原因为舒适 CAN 局部故障。

（3）检测过程记录

分别测量组合开关 CAN-H G02/1 对地电压和组合开关 CAN-L G02/2 对地电压，然后操作组合开关，观察电压变化。

操作组合开关的目的，是通过此操作，将舒适网 1 唤醒，然后组合开关通过舒适网 1 发送信息给 BCM。在这个过程中，舒适网 1 上的测量电压就会发生变化。

正常情况下，未操作时，G02/1 和 G02/2 对地电压都约为 2.5V。操作组合开关时，G02/2 对地电压略有下降，G02/1 电压略有上升。

如果测得 G02/1 和 G02/2 对地电压始终约为 0V，说明舒适网 1 存在对地短路故障。接下来断开蓄电池负极，然后分别测量 G02/1 和 G02/2 对地电阻。如果测得 G02/1 对地电阻约为 0Ω，G02/2 对地电阻约为 60Ω，下一步，用万用表电阻档，一端连接 G02/1，另一端接地，然后逐个断开舒适网 1 上的各模块，如果断开某个控制器后电阻值变为无穷大，则说明该控制器部分存在问题。如果舒适网 1 上的所有模块都断开后，电阻值依然为 0Ω，说明对地短路点在线路上。

由于舒适网 1 线路上存在中间插接器 GJK02 和 KJG02，所以需要进一步确认故障在舒适网终端电阻这一端线路，还是组合开关那一端线路。具体测量方法是，用万用表电阻档，一端连接 G02/1，另一端接地不变。然后断开插接器 GJK02 和 KJG02，如果此时电阻值变为无穷大，说明故障为 GJK02/7—KG87（A）/1 线路对地短路，进一步测量该段线路锁定最终故障点即可；如果电阻值依然为 0Ω，说明故障为 G02/1—GJK02/7 线路对地短路。

最终故障点为： G02/1—GJK02/7 线路对地短路。G02/1—GJK02/7 线路对地短路故障测量表见表 5-4。

表 5-4　G02/1—GJK02/7 线路对地短路故障测量表

测试条件	测试对象	测试结果	结果判断
ON	G02/1 对地电压	0V	异常
OFF，断开蓄电池负极	G02/1 对地电阻	0Ω	异常
OFF，拔下舒适网 1 上的所有模块插头和 KJG02 插头	G02/1 对地电阻	0Ω	异常

如果测得 G02/1 和 G02/2 对地电压始终约为 12V，说明舒适网 1 存在对正极短路故障。测量方法与舒适网 1 对地短路故障类似，即通过电压法初步判断后，断开蓄电池负极，用电阻法进一步确认，然后逐个断开舒适网 1 上的控制器，然后再断开中间插接器，锁定最小故障范围。另外对于对正极短路故障，该故障由于还未接通电源，所以正极只能是常电源，如果某些故障是在电源接通后测得存在对正极短路故障，则还需要进一步判断是对常电源短路，还是对工作电源或其他电源短路。

最终故障点为： G02/2—GJK02/6 对电源正极短路。G02/2—GJK02/6 对电源正极短路故障测量表见表 5-5。

表 5-5　G02/2—GJK02/6 对电源正极短路故障测量表

测试条件	测试对象	测试结果	结果判断
ON	G02/2 对地电压	12V	异常
OFF，断开蓄电池负极	G02/2—电源正极之间电阻	0Ω	异常
OFF，拔下舒适网 1 上的所有模块插头和 KJG02 插头	G02/2—电源正极之间电阻	0Ω	异常

如果测得 G02/2 和 G02/1 对地电压未操作时各约为 2.5V，操控组合开关时，G02/1 电压上升到 3.1~3.4V，G02/2 下降到 1.5~1.8V，则考虑舒适网 1 可能存在断路故障。接下来断开蓄电池负极，然后在不断开控制单元连接的情况下测量 G02/1 和 G02/2 之间电阻值。正常情况下，电阻值应约为 60Ω。如果测得电阻值约为 120Ω，说明舒适网 1 上存在断路故障，所测得的 120Ω 是其中一个控制单元的终端电阻，但无法测到另一个终端电阻。由于我们是在组合开关侧进行测量，接下来断开网关控制器，如果电阻值依然约为 120Ω，说明网关控制器内部有故障；如果电阻值变为无穷大，说明在外围线路或舒适网 1 终端电阻存在断路故障。

此时可以测量舒适网 1 终端电阻侧 KG87（A）/1 和 KG87（A）/2 之间电阻。如果电阻值无穷大，说明舒适网 1 终端电阻内部有故障；如果电阻值约为 120Ω，说明故障在外围线路。下一步，断开舒适网 1 终端电阻，分别测量 KG87（A）/1—G02/1 之间、KG87（A）/2—G02/2 之间线路电阻值，确认故障所在线路。假设测得 KG87（A）/1—G02/1 之间线路电阻值约为 0Ω，KG87（A）/2—G02/2 之间电阻值无穷大，则再进一步确认是 KG87（A）/1—KJG02/7 之间，还是 GJK02/7—G02/1 之间线路故障即可。

当然实际测量方法是灵活应变的。在上一步确认故障范围在外围线路或舒适网 1 终端电阻内部时，下一步基于概率，前面也可以直接分别测量 KG87（A）/1—G02/1 之间、KG87（A）/2—G02/2 之间线路电阻值。

如果测得 G02/1 和 G02/2 对地电压始终都约为 2.5V，则考虑舒适网 1 可能存在相互短路的问题。接下来断开蓄电池负极，然后在不断开控制单元连接的情况下测量 G02/1 和 G02/2 之间电阻值。如果测得电阻值约为 0Ω，说明舒适网 1 上存在相互短路故障。下一步，万用表依然在原处测量不变，然后逐个断开舒适网 1 上的各个模块，如果断开某个控制器后电阻值变为约 120Ω 或 60Ω，说明断开的相应控制器存在故障。

如果舒适网 1 上的所有模块都断开后，电阻值依然约为 0Ω，说明故障在舒适网 1 线路上。此时万用表依然在原处测量不变，然后断开中间插接器 GJK02 和 KJG02，如果电阻值变为无穷大，说明故障在 GJK02/7—KG87（A）/1 与 GJK02/6—KG87（A）/2 之间线路，进一步测量该段线路锁定最终故障点即可；如果电阻值依然约为 0Ω，说明故障为 GJK02/7—G02/1 与 GJK02/6—G02/2 之间线路相互短路。

最终故障点为：G02/2—GJK02/6 与 G02/1—GJK02/7 线路相互短路。G02/2—GJK02/6 与 G02/1—GJK02/7 线路相互短路故障测量表见表 5-6。

表 5-6　G02/2—GJK02/6 与 G02/1—GJK02/7 线路相互短路故障测量表

测试条件	测试对象	测试结果	结果判断
ON	G02/1 对地电压	2.5V	异常
ON	G02/2 对地电压	2.5V	异常
OFF，断开蓄电池负极	G02/2—G02/1 之间线路电阻	0Ω	异常
OFF，拔下舒适网 1 上所有模块插头和 KJG02 插头	G02/2—G02/1 之间线路电阻	0Ω	异常

（4）小结

近光灯可以正常操作，说明组合开关本身供电及搭铁正常，当其余档位工作都无反应时，说明组合开关通过舒适 CAN1 至 BCM 出现问题。

3. 近光灯故障

（1）故障现象

①使用组合开关开启近光灯档，无任何反应。

②使用组合开关开启变光档，正常点亮。

③使用组合开关开启转向灯档，正常点亮。

④使用组合开关远光灯档（控制近光灯的档位下），正常点亮。

⑤使用组合开关 AUTO 档，正常点亮。

（2）诊断分析思路

①操作组合开关近光灯档，无任何反应，说明组合开关本身至近光灯线路和近光灯本身及其相关线路存在故障。

②操作变光、转向灯、AUTO、远光灯档正常，说明组合开关本身正常。

可能的故障原因有：

①近光灯打开 / 关闭信号采集线故障。

②近光灯继电器本身及其相关线路故障。

（3）检测过程记录

操作组合开关至近光灯档，测量近光灯开启 / 关闭控制信号采集线 G2J/22 电压，正常为 B+。如果测量结果为 0V，那么应该检查组合开关输入信号的问题。接着测量近光灯开启 / 关闭控制信号 G02/4，测量结果如果为 0V，那么故障为组合开关元件损坏；如果测量结果为 B+，接着断开蓄电池负极，测量 G02/4—G2J/22 之间线路电阻值，正常为 0Ω，如果测量结果为无穷大，则最终故障点为 G2J/22—G02/4 之间线路断路，如图 5-4 所示。

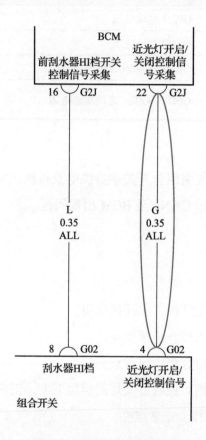

图 5-4　近光灯控制信号线路

最终故障点为：G2J/22—G02/4 之间线路断路。G2J/22—G02/4 之间线路断路故障测量表见表 5-7。

表 5-7　G2J/22—G02/4 之间线路断路故障测量表

测试条件	测试对象	测试结果	结果判断
ON	G2J/22 对地电压	0V	异常
ON，组合开关操作至近光灯档	G02/4 对地电压	12V	正常
OFF，断开蓄电池负极	G2J/22—G02/4 之间电阻	无穷大	异常

操作组合开关至近光灯档，测量近光灯开启 / 关闭控制信号采集线 G2J/22 电压，

正常为 B+。接着测量近光灯控制继电器线 G2I/1 电压，正常应从关闭近光灯状态下的 12V 变为开启近光灯状态下的 1V。如果始终为 B+，那么说明继电器没有控制工作，但同时也可以说明蓄电池经过 K1-1 近光灯继电器至 G2I/1 的线路没有断路故障；如果始终为 3V，那么说明蓄电池经过 K1-1 近光灯继电器至 G2I/1 的线路存在断路故障，分别测量 G2I/1—GJB01/6、BJG01/6—B1D/35、B1D/35—继电器控制脚以及 K1-1 近光灯继电器电源脚—蓄电池正极的电阻是否正常，最终通过以上四步测量可直接确认故障点，如图 5-5 所示。

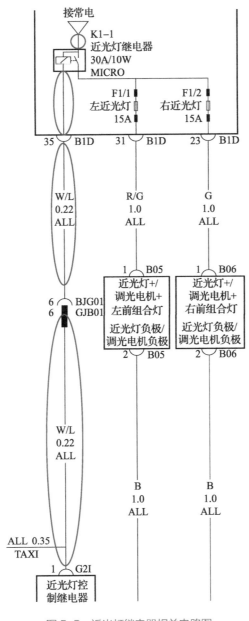

图 5-5　近光灯继电器相关电路图

如果测量 G2I/1 的电压从关闭近光灯状态下的 12V 变为开启近光灯状态下的 1V，那么说明近光灯继电器已经控制工作了，接下来需要对近光灯继电器本身进行元件测试。使用万用表测量 85、86 线圈的电阻值，进行近光灯继电器元件测试，85、86 分别连接蓄电池正、负极，使其主动工作，测量 87 和 30 触点之间的电阻，正常测量结果为电阻 0Ω。如果测量结果异常，故障点为 K1–1 近光灯继电器触点故障；如果结果为 0Ω 正常，那么继续测量 F1/1 熔丝上游—K1–1 近光灯继电器座的 87 号脚以及 F1/2 熔丝上游—K1–1 近光灯继电器座的 87 号脚线路电阻，测量结果都为无穷大，则故障点为 K1–1 近光灯继电器座的 87 号脚—F1/1 熔丝上游以及 K1–1 继电器座的 87 号脚—F1/2 熔丝上游线路断路。

最终故障点为：K1–1 近光灯继电器触点故障。K1–1 近光灯继电器触点故障测量表见表 5–8。

表 5–8　K1–1 近光灯继电器触点故障测量表

测试条件	测试对象	测试结果	结果判断
ON	G2I/1 对地电压	B+	正常
ON，组合开关操作至近光灯档	G2I/1 对地电压	1V	正常
ON，组合开关操作至近光灯档	F1/1 熔丝上游对地电压	0V	异常
OFF，拔下近光灯继电器	测量近光灯继电器 85、86 线圈电阻值	80Ω	正常
OFF，拔下近光灯继电器	85、86 分别接通蓄电池正、负极，同时测量 30—87 脚的电阻	无穷大	异常

（4）小结

其余灯光可以正常操作，说明组合开关本身正常，当两个近光灯工作都异常时，应先考虑公共部分的故障，即近光灯控制信号的发出和接收以及近光灯继电器的相关故障。

4. 远光灯故障

（1）故障现象

①使用组合开关开启近光灯档，正常点亮。

②使用组合开关开启变光档，无任何反应。

③使用组合开关开启转向灯档，正常点亮。

④使用组合开关远光灯档（控制近光灯的档位下），无任何反应。

⑤使用组合开关 AUTO 档，正常点亮。

（2）诊断分析思路

①操作组合开关的近光灯档、转向灯档、AUTO 档工作正常，说明组合开关本身及其供电、搭铁与 CAN 线正常。

②操作变光档和远光灯档都无任何反应，说明远光灯控制输出端异常。

（3）检测过程记录

操作组合开关至远光灯档，测量远光灯控制继电器线 G2I/7 电压，正常应从关闭远光灯状态下的 12V 变为开启远光灯状态下的 1V。如果始终为 B+，那么说明远光灯继电器没有控制工作，但同时也可以说明蓄电池经过 K1–6 远光灯继电器至 G2I/7 的线路没有断路；如果始终为 3V，那么说明蓄电池经过 K1–6 远光灯继电器至 G2I/7 的线路存在断路故障，分别测量 G2I/7—GJB01/16、BJG01/16—B1D/34、B1D/34—远光灯继电器控制脚，以及 K1–6 远光灯继电器电源脚—蓄电池正极的电阻是否正常，最终通过以上四步测量可直接确认故障点，如图 5–6 所示。

如果测量 G2I/7 的电压从关闭远光灯状态下的 12V 变为开启远光灯状态下的 1V，那么说明继电器已经控制工作了，接下来需要对继电器本身进行元件测试。使用万用表测量远光灯继电器的 85、86 线圈的电阻值，进行远光灯继电器元件测试，85、86 分别连接蓄电池正、负极，使其主动工作，测量 87 和 30 触点之间的电阻，正常测量结果为电阻 0Ω。如果测量结果异常，故障点为 K1–6 远光灯继电器触点故障；如果结果为 0Ω 正常，那么继续测量 F1/32 熔丝上游—K1–6 远光灯继电器座的 87 号脚以及 F1/33 熔丝上游—K1–6 远光灯继电器座的 87 号脚线路电阻，测量结果都为无穷大，则故障点为 K1–6 继电器座的 87 号脚—F1/32 熔丝上游以及 K1–6 远光灯继电器座的 87 号脚—F1/33 熔丝上游线路断路。

最终故障点为：K1–6 远光灯继电器触点故障。K1–6 远光灯继电器触点故障测量表见表 5–9。

表 5–9　K1–6 远光灯继电器触点故障测量表

测试条件	测试对象	测试结果	结果判断
ON	G2I/7 对地电压	B+	正常
ON，组合开关操作至远光灯档	G2I/7 对地电压	1V	正常
ON，组合开关操作至远光灯档	F1/32 熔丝上游对地电压	0V	异常
OFF，拔下远光灯继电器	测量远光灯继电器 85、86 线圈电阻值	80Ω	正常
OFF，拔下远光灯继电器	85、86 分别接通蓄电池正、负极，同时测量 30—87 脚的电阻	无穷大	异常

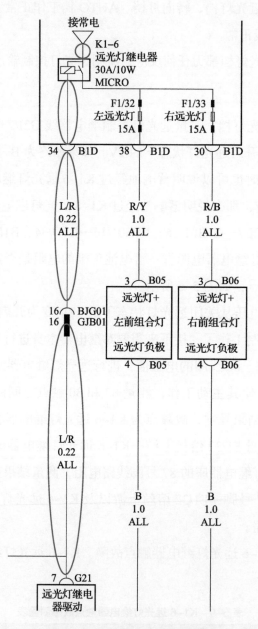

图 5-6　远光灯继电器相关电路图

（4）小结

因为远光灯档和变光档同时不能工作，但其余灯光正常工作，所以故障点应为远光灯控制输出之后。

5. 昼间行驶灯故障

（1）故障现象

①组合开关处于关闭档，昼间行驶灯（下文简称昼行灯）不亮。

②使用组合开关开启近光灯档，正常点亮。

③使用组合开关开启变光档，正常点亮。

④使用组合开关开启转向灯档，正常点亮。

⑤使用组合开关远光灯档（控制近光灯的档位下），正常点亮。

⑥使用组合开关 AUTO 档，正常点亮。

（2）诊断分析思路

①组合开关处于任何档时，昼行灯都不点亮，说明昼行灯输出控制异常。

②操作其余灯光工作正常，说明 BCM 无整体故障。

（3）检测过程记录

操作组合开关至关闭档，测量昼行灯控制继电器线 G2J/5 电压，正常应从关闭昼行灯状态下的 12V 变为开启昼行灯状态下的 1V。如果始终为 B+，那么说明昼行灯继电器没有控制工作，但同时也可以说明蓄电池经过 K1–18 昼行灯继电器至 G2J/5 的线路没有断路故障；如果始终为 3V，那么说明蓄电池经过 K1–18 昼行灯继电器至 G2J/5 的线路存在断路故障，分别测量 G2J/5—GJB01/4、BJG01/4—B1D/36 的电阻是否正常，最终确认故障点，如图 5–7 所示。

如果测量 G2J/5 的电压从关闭昼行灯状态下的 12V 变为开启昼行灯状态下的 1V，那么说明继电器已经控制工作了，接下来测量 F1/3 昼行灯熔丝，如果始终为 0V，那么需要对昼行灯继电器本身进行元件测试。使用万用表测量昼行灯继电器的 85、86 线圈的电阻值，进行昼行灯继电器元件测试，85、86 分别连接蓄电池正、负极，使其主动工作，测量 87 和 30 触点之间的电阻，正常测量结果为电阻 0Ω，如果测量结果异常，故障点为 K1–18 昼行灯继电器触点故障。如果测量 F1/3 昼行灯熔丝下游电压从关闭昼行灯情况下的 0V 变为打开昼行灯情况下的 12V，那么说明电源已经通过昼行灯继电器到达昼行灯熔丝了，接着测量昼行灯熔丝 F1/3 下游至 B05/7 或 B06/7 之间的电阻，来确认这段线路之中是否存在断路故障，最后确认最小故障范围：测量 F1/3 熔丝座下游—B1D/16

电阻正常，测量 B1D/16—B05/7 和 B06/7 之间的电阻异常，确认 B1D/16—SP2028 节点之间线路断路。

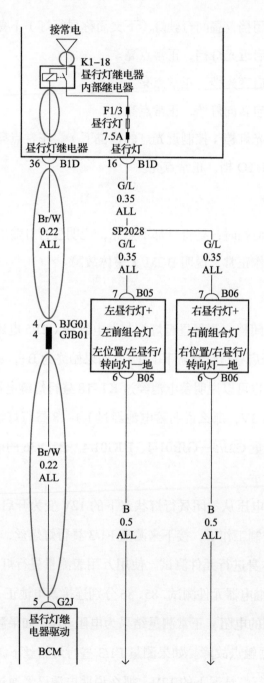

图 5-7 昼行灯继电器相关控制电路图

最终故障点为： B1D/16—SP2028 节点之间线路断路。B1D/16—SP2028 节点之间线路断路故障测量表见表 5-10。

表 5-10　B1D/16—SP2028 节点之间线路断路故障测量表

测试条件	测试对象	测试结果	结果判断
ON	G2J/5 对地电压	B+	正常
ON，组合开关操作至关闭档	G2J/5 对地电压	1V	正常
ON，组合开关操作至关闭档	F1/3 熔丝下游对地电压	12V	正常
OFF	F1/3 熔丝座下游—B05/7 之间电阻值	无穷大	异常
OFF	F1/3 熔丝座下游—B1D/16 之间电阻值	0Ω	正常
OFF	B1D/16—B05/7 之间电阻值	无穷大	异常
OFF	B1D/16—B06/7 之间电阻值	无穷大	异常

如果是单侧的昼行灯不亮的故障，以左侧为例，在组合开关关闭、车辆处于上电的状态下，可以直接测量 B05/7 对地电压。如果电压为 0V，那么故障点为 B05/7—SP2028 节点之间线路断路。如果测得电压为 12V 正常，那么测量 B05/7 与 B05/6 之间的电压，如果为 B+，那么故障为左前组合灯中昼行灯元件故障；如果测得电压为 0V，断开蓄电池负极，测量 B05/6—Eb02 之间的电阻值，如果电阻值异常，则故障点为：B05/6—Eb02 线路断路。

最终故障点为：B05/6—Eb02 线路断路。B05/6—Eb02 线路断路故障测量表见表 5-11。

表 5-11　B05/6—Eb02 线路断路故障测量表

测试条件	测试对象	测试结果	结果判断
ON，组合开关灯光关闭档	B05/7 对地电压	12V	正常
ON，组合开关操作至关闭档	B05/7—B05/6 之间电压	0V	异常
OFF，断开蓄电池负极	B05/6—Eb02 之间线路电阻值	无穷大	异常

（4）小结

操作所有灯光，确认组合开关本身正常，操作到关闭档位时昼行灯单侧不亮，说明故障为昼行灯本身或供电、搭铁线路故障。

6. 示廓灯控制线路故障

（1）故障现象

①使用组合开关开启近光灯档，近光灯正常点亮，前侧示廓灯都不点亮，其余正常。

②使用组合开关开启 AUTO 档，近光灯正常点亮，前侧示廓灯都不点亮，其余正常。

③使用组合开关开启示廓灯档，前侧示廓灯都不点亮。

④使用组合开关操作至关闭档，昼行灯正常点亮。

（2）诊断分析思路

使用近光灯档、AUTO 档、示廓灯档，前侧示廓灯都不点亮，说明前侧示廓灯本身存在故障。因为前侧两个示廓灯都不点亮，所以我们优先考虑公共部分的故障。

（3）检测过程记录

测量 B05/5 和 B06/5 的对地电压，正常应从示廓灯关闭状态下的 0V 变为打开状态下的 12V。如果测得电压都为 0V，接着测量 G2H/10，确认 BCM 是否做出示廓灯点亮控制，如果测得电压始终为 0V，那么故障点为 BCM 元件故障。如果测得 G2H/10 对地电压为 12V 正常，接着测量 GJB01/18 对地电压，如果测得电压为 12V，那么说明故障点在插接器 BJG01/GJB01 下游 BJG01/18—SP1223 节点之间，接着进一步断开蓄电池负极，拔下 B05、B06 插头，断开 BJG01/GJB01 插接器，分别测量 BJG01/18—B05/5 和 B05/5—B06/5 之间的线路电阻值，来确认最终故障点为：BJG01/18—SP1223 线路断路。

如果测得 GJB01/18 对地电压为 0V，说明故障点在插接器 BJG01/GJB01 上游 GJB01/18—G2H/10 之间，接着断开蓄电池负极，拔下 G2H 插头，断开 GJB01/BJG01 插接器，测量 GJB01/18—G2H/10 之间线路电阻值，正常情况下测量结果应该为 0Ω，如果测量结果异常，故障点为：GJB01/18—G2H/10 线路断路。

最终故障点为：G2H/10—GJB01/18 之间线路断路。G2H/10—GJB01/18 之间线路断路故障测量表见表 5-12。

表 5-12　G2H/10—GJB01/18 之间线路断路故障测量表

测试条件	测试对象	测试结果	结果判断
车辆上电，开启示廓灯	B05/5 和 B06/5 对地电压	0V	异常
车辆上电，开启示廓灯	BJG01/18 对地电压	0V	异常
车辆上电，开启示廓灯	G2H/10 对地电压	12V	正常
OFF	G2H/10—GJB01/18 之间线路电阻值	无穷大	异常

（4）小结

操作所有灯光，判断组合开关本身正常，使用示廓灯档、近光灯档和 AUTO 档，发现示廓灯都不亮，可判断为示廓灯本身及其相关线路故障。

7. 前侧转向灯控制线路故障（左侧）

（1）故障现象

①使用组合开关开启左侧转向灯，前侧左转向灯无任何反应，其余正常点亮。

②使用组合开关开启右侧转向灯，转向灯正常工作。

③使用组合开关操作其他档位，灯光工作正常。

（2）诊断分析思路

操作所有灯光，判断组合开关本身是否正常，操作转向灯时发现左侧转向灯异常，进一步检查前侧左转向灯相关故障。

（3）检测过程记录

开启左转向灯，测量 B05/8 对地电压，正常应该为 0V—12V 跳动，测得结果如果为正常，那么故障为左侧转向灯元件故障。如果测得结果始终为 0V，接着测量 B2B/15 对地电压，测得结果如果始终为 0V，说明 BCM 并没有对前侧转向灯做出控制，又因为其余的转向灯能正常点亮，所以故障为 BCM 内部 B2B/15 故障。如果测得 B2B/15 对地电压正常为 0V—12V 跳动，那么故障点在 B2B/15—B05/8 这段线路上，接着断开蓄电池负极，拔下 B2B、B05 插头，测量 B05/8—B2B/15 之间线路电阻值，正常情况下测得结果应为 0Ω，如果测得结果为无穷大，那么故障点为：B05/8—B2B/15 线路断路。

最终故障点为：B2B/15—B05/8 之间线路断路。B2B/15—B05/8 之间线路断路故障测量表见表 5-13。

表 5-13　B2B/15—B05/8 之间线路断路故障测量表

测试条件	测试对象	测试结果	结果判断
车辆上电，开启右侧转向灯	B06/8 对地电压	0V—12V 跳动	正常
车辆上电，开启左侧转向灯	B05/8 对地电压	0V	异常
车辆上电，开启左侧转向灯	B2B/15 对地电压	0V—12V 跳动	正常
OFF，断开蓄电池负极，拔下 B2B、B05 插头	B2B/15—B05/8 之间线路电阻值	无穷大	异常

（4）小结

操作所有灯光，判断组合开关本身正常，操作转向灯时发现前部左侧转向灯异常，另一侧正常，进一步检查前侧左转向灯局部线路。

8. 后侧转向灯控制线路故障（左侧）

（1）故障现象

①使用组合开关开启左侧转向灯，左后侧转向灯无任何反应，其余正常点亮。

②使用组合开关开启右侧转向灯，右侧转向灯正常工作。

③使用组合开关操作其他档位，灯光工作正常。

（2）诊断分析思路

操作所有灯光，发现其余灯光工作正常，只有左后转向灯不工作，所以判断组合开关本身正常，如果是左侧两个转向灯都不工作，就优先考虑公共部分。

（3）检测过程记录

开启左侧转向灯，测量 K17/4 和 K19A/5 对地电压，正常应该为 0V—12V 跳动。如果测得结果始终为 0V，接着测量 K2G/21 对地电压，测得结果如果始终为 0V，说明 BCM 并没有对后侧左转向灯做出控制，又因为其余的转向灯能正常点亮，所以故障为 BCM 内部 K2G/21 故障。如果测得 K2G/21 对地电压正常为 0V—12V 跳动，那么故障点在 K2G/21—SP535 节点这段线路上，接着断开蓄电池负极，拔下 K2G、K17、K19A 插头，测量 K2G/21—K17/4 和 K19A/5—K17/4 之间线路电阻值，测量结果为 K17/4—K19A/5 之间电阻为 0Ω 正常，K2G/21—K17/4 之间电阻为无穷大异常，所以故障点为：K2G/21—SP535 节点之间线路断路。

最终故障点为：K2G/21—SP535 节点之间线路断路。K2G/21—SP535 节点之间线路断路故障测量表见表 5–14。

表 5–14　K2G/21—SP535 节点之间线路断路故障测量表

测试条件	测试对象	测试结果	结果判断
车辆上电，开启左侧转向灯	K2G/21 对地电压	0V-12V 跳动	正常
车辆上电，开启左侧转向灯	K17/4 对地电压	0V	异常
车辆上电，开启左侧转向灯	K19A/5 对地电压	0V	异常
OFF，断开蓄电池负极，拔下 K19A、K17、K2G 插头	K2G/21—K17/4 之间线路电阻	无穷大	异常
OFF	K17/4—K19A/5 之间线路电阻	0Ω	正常

（4）小结

操作所有灯光，判断组合开关本身正常，操作转向灯时发现左后侧转向灯异常，前侧正常，进一步检查左侧转向灯局部线路。

9. 制动灯控制线路故障

（1）故障现象

①踩制动踏板，后侧制动灯全不亮。

②车辆上电正常，踩下制动踏板后松开可以听到真空泵工作声音。

（2）诊断分析思路

车辆能够正常上电，说明制动踏板本身正常，制动灯全都不亮，可能原因是制动灯的控制线路故障。

（3）检测过程记录

因为所有的制动灯都不点亮，所以我们没有必要一个个去测，我们直接测量公共部分，踩下制动踏板的同时，测量 K2G/12 的对地电压，确认 BCM 有没有对制动灯做出控制。正常情况下，电压应从踩下制动踏板前的 0V 变为踩下制动踏板后的 12V，如果始终没有变化，那么说明 BCM 并没有做出对制动灯点亮的控制，但是又因为车辆能够正常上电，说明制动踏板本身肯定没有问题，包括其余灯光可以正常点亮，BCM 的供电搭铁也没有问题，所以故障点只可能是 BCM 元件内部 K2G/12 针脚故障。如果测得 K2G/12 的对地电压正常从踩下制动踏板前的 0V 变为踩下制动踏板后的 12V，那么说明 BCM 已经做出了对制动灯点亮的控制，故障点在控制线路上，接着断开 K2G、K18、K17、K20 插头，测量 K2G/12—K18/3 和 K18/3—K17/3，或 K2G/12—K18/3 和 K18/3—K20/2，或 K2G/12—K17/3 和 K17/3—K20/2，以上三种方法都可以证明故障的最小范围为 K2G/12—SP539 节点线路断路。

最终故障点为： K2G/12—SP539 节点之间线路断路。K2G/12—SP539 节点之间线路断路故障测量表见表 5-15。

表 5-15　K2G/12—SP539 节点之间线路断路故障测量表

测试条件	测试对象	测试结果	结果判断
踩下制动踏板	K2G/12 对地电压	12V	正常
踩下制动踏板	K18/3 对地电压	0V	异常

测试条件	测试对象	测试结果	结果判断
踩下制动踏板	K17/3 对地电压	0V	异常
踩下制动踏板	K20/2 对地电压	0V	异常
OFF，断开蓄电池负极，拔下 K2G、K20、K18、K17 插头	K2G/12—K18/3 之间线路电阻值	无穷大	异常
OFF	K18/3—K20/2 之间线路电阻值	0Ω	正常

（4）小结

踩制动踏板时发现制动灯异常，制动踏板本身正常，进一步检查制动灯线路。

10. 后侧示廓灯控制线路故障

（1）故障现象

①使用组合开关开启近光灯档，后侧示廓灯都不点亮，其余正常点亮。

②使用组合开关开启 AUTO 档，后侧示廓灯都不点亮，其余正常点亮。

（2）诊断分析思路

使用近光灯档、AUTO 档、示廓灯档，后侧示廓灯都不点亮，说明后示廓灯本身控制线路存在故障。因为后侧两个示廓灯都不点亮，所以我们优先考虑公共部分的故障。

（3）检测过程记录

测量 GJK01/34 的对地电压，正常应从位置灯关闭状态下的 0V 变为打开状态下的 12V。如果测得电压始终为 0V，接着测量 G2H/9 确认 BCM 是否做出示廓灯点亮控制，如果测得电压始终为 0V，那么故障点为 BCM 元件故障。开启示廓灯，如果测得 G2H/9 对地电压为 12V 正常，接着断开蓄电池负极和 GJK01/KGJ01 插接器，拔下 G2H 插头，测量 G2H/9—GJK01/34 之间的电阻值，测量结果为电阻无穷大，最终故障点就为：G2H/9—GJK01/34 之间线路断路。如果测量 GJK01/34 时，测量结果为关闭示廓灯状态下的 0V 变为打开示廓灯状态下的 12V，那么说明故障点在插接器 KJG01/GJK01 下游 KJG01/34—SP531 节点之间，接着进一步断开蓄电池负极，拔下 K17、K19A、K18、K19B 和 KJG01 插头，分别测量 KJG01/34—K19A/2、K17/2—K19A/2、K19A/2—K18/2 和 K19A/2—K19B/2 之间的线路电阻值来确认最终故障点为：KJG01/34—SP531 节点之间线路断路。

最终故障点为：KJG01/34—SP531 节点之间线路断路。KJG01/34—SP531 节点之间线路断路故障测量表见表 5-16。

表 5-16　KJG01/34—SP531 节点之间线路断路故障测量表

测试条件	测试对象	测试结果	结果判断
车辆上电，开启示廓灯档	G2H/9 对地电压	12V	正常
车辆上电，开启示廓灯档	GJK01/34 对地电压	12V	正常
OFF，断开蓄电池负极，拔下 K17、K19A、K18、K19B 和 KJG01 插头	KJG01/34—K19A/2 之间线路电阻	无穷大	异常
OFF，断开蓄电池负极，拔下 K17、K19A、K18、K19B 和 KJG01 插头	K19A/2—K17/2 之间线路电阻	0Ω	正常

（4）小结

操作所有灯光，判断组合开关本身正常，操作示廓灯档时发现后侧示廓灯异常，前侧示廓灯正常，可以确认示廓灯档位本身正常，又因为后侧所有示廓灯都有故障的概率极低，所以优先考虑公共部分。

11. 后雾灯线路故障

（1）故障现象

①开启近光灯档后，开启后雾灯，后雾灯不亮，但仪表后雾灯指示灯点亮。
②开启 AUTO 档后，开启后雾灯，后雾灯不亮，但仪表后雾灯指示灯点亮。
③操作其余灯光，正常点亮。

（2）诊断分析思路

操作所有灯光，发现其余灯光工作正常，所以组合开关本身正常，在近光灯档位时，操作后雾灯，发现后雾灯无法点亮，但仪表上后雾灯指示灯正常点亮，说明组合开关已经做出了对后雾灯的控制，因此故障原因可能为后雾灯本身及其线路故障。

（3）检测过程分析

打开后雾灯，测量 K19A/11 对地电压，测量结果正常应该为 12V，如果测量结果正常，那么最终故障点为后雾灯元件故障。如果测量结果为 0V，接着测量 G2J/1 对地电压，如果测量结果依旧为 0V，说明 BCM 没有做出后雾灯点亮的控制，但是其余灯光可以正常点亮，说明故障为 BCM 内部 G2J/1 故障。打开后雾灯，如果 G2J/1 测量结果为 12V，那么接着测量 GJK01/24 对地电压，如果电压为 0V，那么故障在 G2J/1—

GJK01/24 之间，测量 G2J/1—GJK01/24 之间线路电阻值为无穷大，最终故障点为：G2J/1—GJK01/24 之间线路断路；如果测得 GJK01/24 对地电压为 12V，那么接着断开 GJK01/KJG01 插接器，拔下 K19A 插头，测量 KJG01/24—K19A/11 之间线路电阻值，正常电阻值应为 0Ω，如果测量结果为无穷大，那么最终故障点为：KJG01/24—K19A/11 之间线路断路。

最终故障点为：KJG01/24—K19A/11 之间线路断路。KJG01/24—K19A/11 之间线路断路故障测量表见表 5-17。

表 5-17　KJG01/24—K19A/11 之间线路断路故障测量表

测试条件	测试对象	测试结果	结果判断
车辆上电，开启后雾灯	K19A/11 对地电压	0V	异常
车辆上电，开启后雾灯	G2J/1 对地电压	12V	正常
车辆上电，开启后雾灯	GJK01/24 对地电压	12V	正常
OFF，断开蓄电池负极，断开 GJK01/KJG01 插接器，拔下 K19A 插头	KJG01/24—K19A/11 之间线路电阻	无穷大	异常

（4）小结

操作所有灯光，发现其余灯光工作正常，在近光灯档位时，操作后雾灯，发现后雾灯无法正常点亮，在 AUTO 档时，操作后雾灯，后雾灯也无法正常点亮，说明故障原因可能为后雾灯本身及其线路故障。

四　总结

纯电动汽车灯光系统原理及检测诊断与传统燃油汽车基本一致。

第六章

比亚迪秦 EV

车窗系统故障诊断

一　控制原理分析

分析车窗控制原理，要了解车窗的整体框架和结构，秦 EV 的车窗系统是每个车窗相对应有自己的独立模块，驾驶位开关通过三对上升（UP）、下降（DOWN）控制线分别对右前、左后、右后三个车窗进行控制。左前车窗的电源直接由 IG1 进行供电，右前、左后、右后三个车窗的电源由电动车窗继电器（K2-1）进行供电。

电动车窗控制电路如图 6-1 所示。

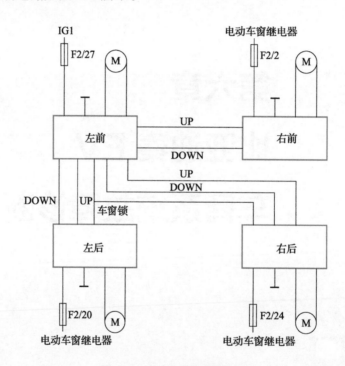

图 6-1　电动车窗控制电路图

车窗开关通过工作电源接通来判断是否处于可工作状态，当 IG1 电源接通时，BCM 控制电动车窗继电器（K2-1）工作，电源输入到右前、左后、右后三个车窗开关。

电动车窗电机的控制原理图如图 6-2 所示。

车窗开关在不工作的情况下，电机控制线两端通过继电器 1 和继电器 2 内部触点分别搭铁，通过操控开关的上升和下降，控制模块控制相应的线路输入电源电压，继电器 1 或继电器 2 导通，从而使电机控制线的一端通过继电器与供电相连，实现电机的正转和反转，从而控制车窗的上升和下降。

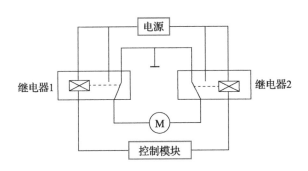

图 6-2　电动车窗电机的控制原理图

二　诊断分析思路

我们可以通过验证驾驶位控制以及自身控制是否正常来判断是自身的问题，还是控制的问题。当自身开关不能控制，但驾驶位开关可以控制时，那么问题就是自身开关按钮的相关故障。诊断时，应先检查故障现象的公共部分，仅有一个故障的情况下，那故障只存在于自身开关模块及之后的控制。

车窗控制的原理图如图 6-3 所示。

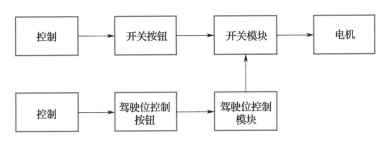

图 6-3　车窗控制原理图

三　故障点分析

1. 驾驶位玻璃升降器开关供电故障

（1）故障现象

①车辆上电，操作驾驶位的左前玻璃升降器开关，无任何反应。

②车辆上电，操作驾驶位的右前、左后、右后玻璃升降器开关，无任何反应。

③车辆上电，操作右前、左后、右后自身玻璃升降器开关，工作正常。

（2）诊断分析思路

操作驾驶位的任意车窗开关，发现全都不工作，说明驾驶位车窗开关本身存在故障或者四个车窗同时存在故障。但操作右前、左后、右后车窗自身开关时，车窗工作正常，那么故障应从驾驶位车窗开关本身考虑。

（3）检测过程记录

首先测量模块的搭铁和供电，来判断是供电部分问题，还是搭铁部分问题。在上电的情况下，测量驾驶位玻璃升降器开关 T05/1 对地电压，检测结果为 0V，正常应为电源电压，测量发现驾驶位玻璃升降器开关供电异常。继续缩小故障范围，测量驾驶位玻璃升降器开关 T05/1 上游供电熔丝 F2/27，测得 F2/27 熔丝上游电压为 12V 正常，继续测量 F2/27 熔丝下游，发现电压为 0V，此时发现异常，熔丝损坏。接着车辆下电，断开负极，测量 F2/27 下游对地电阻，确认熔丝的损坏是否是线路对地短路造成，测量结果为 F2/27 下游对地电阻无穷大，判断 F2/27 下游线路没有对地短路故障，此时可以拔下熔丝，使用万用表测量两端引脚之间的电阻，测量结果为 F2/27 熔丝上游—F2/27 熔丝下游电阻无穷大，确认元件 F2/27 熔丝损坏。

最终故障点为：F2/27 熔丝损坏。F2/27 熔丝损坏故障测量表见表 6–1。

表 6–1 F2/27 熔丝损坏故障测量表

测试条件	测试对象	测试结果	结果判断
ON	T05/1 对地电压	0V	异常
ON	F2/27 熔丝上游对地电压	12V	正常
ON	F2/27 熔丝下游对地电压	0V	异常
OFF	F2/27 熔丝下游对地电阻	无穷大	正常
拔下 F2/27 熔丝	F2/27 熔丝上游—F2/27 熔丝下游电阻	无穷大	异常

（4）小结

由于驾驶位玻璃升降器开关供电故障，导致驾驶位玻璃升降器开关全都无法工作，从而使得驾驶位车窗控制开关无法控制其余车窗。

2. 电动车窗继电器 K2–1 故障

（1）故障现象

①车辆上电，操作驾驶位的左前玻璃升降器开关，工作正常。

②车辆上电，操作驾驶位的右前、左后、右后玻璃升降器开关，无任何反应。

③车辆上电，操作右前、左后、右后自身玻璃升降器开关，无任何反应。

（2）诊断分析思路

操作驾驶位的左前车窗开关，发现左前车窗工作正常，说明驾驶位车窗开关本身正常。

操作驾驶位的右前、左后、右后车窗开关时，都不工作，操作右前、左后、右后自身开关时，车窗不工作，说明故障存在于右前、左后、右后模块本身，通过电路图可得知右前、左后、右后车窗都是由 K2-1 电动车窗继电器供电，所以优先考虑 K2-1 电动车窗继电器本身及其线路存在故障。

（3）检测过程记录

测量右前、左后、右后三个车窗控制器其中一个的供电电压，以测量右前车窗控制器 U05/4 电压为例，测量结果为 U05/4 对地电压为 0V。进一步测量上游熔丝 F2/2 熔丝上游电压，测量结果为 F2/2 熔丝上游对地电压 0V。继续测量熔丝上游供电继电器，车辆上电，测量 BCM G2I/13 对地电压从下电状态下的 12V 变为 1V，说明 BCM 已经对继电器做出了控制。拔下继电器进行元件测试，先测量线圈端 85—86 电阻，测量结果为 85Ω 正常，继续元件测试，87—30 之间触点电阻为无穷大，使用跨接线使 85、86 分别对蓄电池进行连接，继电器通电之后，测量 87—30 的触点电阻，发现始终为无穷大。

最终故障点为：K2-1 电动车窗继电器触点故障。K2-1 电动车窗继电器触点故障测量表见表 6-2。

表 6-2　K2-1 电动车窗继电器触点故障测量表

测试条件	测试对象	测试结果	结果判断
ON	U05/4 对地电压	0V	异常
ON	F2/2 上游对地电压	0V	异常
拔下 K2-1 继电器	继电器 85—86 线圈电阻值	85Ω	正常
继电器元件测试，85、86 分别跨接蓄电池正、负极	继电器 87—30 之间电阻值	无穷大	异常

（4）小结

K2-1 电动车窗继电器触点故障，导致右前、左后、右后三个车窗开关都没有供电，从而使右前、左后、右后三个车窗都不工作。

3. 单个车窗故障（右前）

（1）故障现象

①车辆上电，操作驾驶位的左前、左后、右后玻璃升降器开关，工作正常。

②车辆上电，操作驾驶位的右前玻璃升降器开关，无任何反应。

③车辆上电，操作右前玻璃升降器自身开关，无任何反应。

（2）诊断分析思路

操作驾驶位的玻璃升降器开关，发现除了右前车窗不工作，其余车窗工作都正常，操作右前玻璃升降器自身开关，发现右前车窗也不工作。可能的故障点为：

①右前玻璃升降器开关供电、搭铁及其本身故障。

②右前玻璃升降电机故障。

（3）检测过程记录

测量右前玻璃升降器开关的供电以及搭铁，测量 U05/4 的对地电压，正常应该为12V，如果测量结果不正常，那么接着测量右前车窗熔丝 F2/2 对地电压，判断上游供电是否正常，如果测量结果异常，又因为其余车窗工作正常，所以判断电动车窗继电器已经开始工作，那么我们需要测量电动车窗继电器输出端—F2/2 熔丝座上游的线路电阻。断开蓄电池负极，拔下 F2/2 右前车窗熔丝和 K2-1 电动车窗继电器，测量 K2-1 电动车窗继电器输出端引脚—F2/2 右前车窗熔丝座输入端引脚之间线路电阻，测量结果正常应为 0Ω，如果测量结果异常，那么最终故障点为：K2-1 电动车窗继电器输出端引脚—F2/2 右前车窗熔丝座输入端引脚之间线路断路。

最终故障点为：K2-1 电动车窗继电器输出端引脚—F2/2 右前车窗熔丝座输入端引脚之间线路断路。K2-1 电动车窗继电器输出端引脚—F2/2 右前车窗熔丝座输入端引脚之间线路断路故障测量表见表 6-3。

表 6-3　K2-1 电动车窗继电器输出端引脚—F2/2 右前车窗熔丝座输入端引脚之间线路断路故障测量表

测试条件	测试对象	测试结果	结果判断
ON	U05/4 对地电压	0V	异常
ON	F2/2 上游对地电压	0V	异常
断开蓄电池负极，拔下 K2-1 继电器，拔下 F2/2 熔丝	测量 K2-1 电动车窗继电器输出端引脚—F2/2 右前车窗熔丝座输入端引脚之间线路电阻	无穷大	异常

如果右前车窗熔丝 F2/2 对地电压测量结果正常，那么我们接着测量 F2/2 熔丝下游 G2D/4、GJU01/14，测量到哪一处为异常，则再进一步测量电压异常线路的相关电阻，如测量 G2D/4 电压为 12V 正常，那么说明上游供电已经到达 G2D/4，那么我们就不需要管上游供电线路了，只需要测量 G2D/4—U05/4 之间的线路，来判断最终故障点。

测量 G2D/4 对地电压，正常为 12V，测量 GJU01/14 对地电压，正常应为 12V，如果测量结果为正常，那么需要测量 UJG01/14—U05/4 之间的线路电阻值，如果测量结果为 0V，那么我们需要测量 GJU01/14—G2D/4 之间的线路电阻值和 UJG01/14—U05/4 之间的线路电阻值来确认最终故障点。

最终故障点：UJG01/14—U05/4 之间线路断路。UJG01/14—U05/4 之间线路断路故障测量表见表 6-4。

表 6-4　UJG01/14—U05/4 之间线路断路故障测量表

测试条件	测试对象	测试结果	结果判断
ON	U05/4 对地电压	0V	异常
ON	F2/2 上游对地电压	12V	正常
ON	G2D/4 对地电压	12V	正常
ON	GJU01/14 对地电压	12V	正常
OFF，断开蓄电池负极，断开 GJU01/UJG01 插接器，拔下 U05 插头	测量 UJG01/14—U05/4 之间线路电阻值	无穷大	异常

车辆上电,如果测量供电 U05/4 对地电压结果为正常 12V,那么我们接着红表笔不动,黑表笔换到 U05/1,测量 U05/4 右前玻璃升降器 IG1 电和 U05/1 右前玻璃升降器开关接地的电压,正常也应为 12V。如果测量结果为 0V,那么说明右前玻璃升降器开关的接地部分存在故障,接着断开蓄电池负极,拔下 U05 插头,测量 U05/1 对地之间的线路电阻,测量结果正常应为 0Ω。测量结果如果为异常,那么我们接着断开 GJU01/UJG01,测量 GJU01/32 对地之间的电阻,判断故障点是在升降器的上端部分,还是下端部分,如果测量结果也为无穷大,那么我们接着测量 GJU01/32—Eg06 之间的线路电阻值,测量结果异常,可确认最终故障点：GJU01/32—Eg06 之间线路断路。如果测量 GJU01/32 对地之间的电阻值正常,那么接着测量 UJG01/32—U05/1 之间的线路电阻值,测量结果异常,可确认最终故障点：U05/1—UJG01/32 之间线路断路。

最终故障点：GJU01/32—Eg06 之间线路断路。GJU01/32—Eg06 之间线路断路故障测量表见表 6-5。

表6-5　GJU01/32—Eg06之间线路断路故障测量表

测试条件	测试对象	测试结果	结果判断
ON	U05/4对地电压	12V	正常
ON	U05/4—U05/1之间电压	0V	异常
断开蓄电池负极，拔下U05插头	测量U05/1对地电阻	无穷大	异常
断开蓄电池负极，断开UJG01/GJU01插接器	测量GJU01/32—Eg06之间电阻	无穷大	异常

如果测量右前玻璃升降器开关的供电、搭铁都正常，那么我们接下来测量右前玻璃升降器的控制线路，车辆下电，断开蓄电池负极，拔下U05插头，测量U05/2—U05/3之间电阻，即右前玻璃升降器的电机电阻以及电机控制线路电阻，测量结果正常应该为2.5Ω左右。如果测量结果为无穷大，那么我们需要判断是控制线路上存在断路故障，还是电机本身存在故障，拔下U01、U05插头，分别测量U05/3—U01/1之间线路电阻值、U05/2—U01/2之间线路电阻值以及U01/2和U01/1的引脚的电阻值。

最终故障点为：右前玻璃升降电机元件故障。右前玻璃升降电机元件故障测量表见表6-6。

表6-6　右前玻璃升降电机元件故障测量表

测试条件	测试对象	测试结果	结果判断
OFF，断开蓄电池负极	U05/3—U05/2之间电阻	无穷大	异常
OFF，断开蓄电池负极，拔下U05插头和U01插头	U05/3—U01/1之间线路电阻值	0Ω	正常
OFF，断开蓄电池负极，拔下U05插头和U01插头	U05/2—U01/2之间线路电阻值	0Ω	正常
OFF，断开蓄电池负极，拔下U05插头和U01插头	U01/2和U01/1的引脚的电阻值	无穷大	异常

（4）小结

右前车窗玻璃升降器或其线路故障，导致右前车窗电机无法进行工作，使得按下升降按钮后无任何反应。

四　总结

纯电动汽车车窗系统原理及检测诊断与传统燃油汽车基本一致。

第七章

吉利帝豪 EV450

故障诊断

一 低压上电控制原理分析

吉利帝豪EV450低压上电控制原理图如图7-1所示。

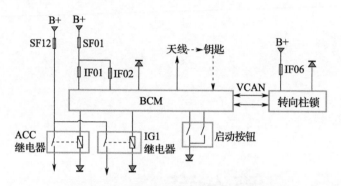

图7-1 吉利帝豪EV450低压上电控制原理图

吉利帝豪EV450低压上电控制流程为：按下启动按钮→启动按钮信号发送给BCM→BCM通过天线激活钥匙→钥匙将信号发送给BCM→BCM验证防盗信息→BCM确认钥匙合法后，通过VCAN将解锁信息发送给转向柱锁→转向柱锁解锁并将信息通过VCAN反馈给BCM→BCM控制给ACC/IG1等继电器通电，完成低压上电。

二 低压上电诊断分析思路

启动按钮信号发送给BCM，需要启动按钮及相关线路正常。BCM验证防盗信息，需要BCM及其供电线路正常、天线及其线路和钥匙正常。BCM通过VCAN将解锁信息发送给转向柱锁，需要VCAN正常。转向柱锁解锁并将信息通过VCAN反馈给BCM，需要转向柱锁及其供电线路正常。BCM控制给ACC/IG1等继电器通电，完成低压上电，需要相关继电器及相关线路正常。

三 低压上电故障点分析

1. 启动按钮相关故障

（1）故障现象

①按下启动按钮后，无任何反应。

②按压门把手，车辆可正常解锁。

（2）诊断分析思路

①按下启动按钮后，无任何反应，说明启动按钮信号的传输及 BCM 对该信号的接收，或 BCM 通过天线对钥匙的激活存在问题。

②按压门把手，车辆可正常解锁，说明 BCM 对门把手信号的接收、对天线的控制以及钥匙信号的接收都没有问题。

综上，可能的故障原因有：

①启动按钮本身及其线路故障。

② BCM 本身及其线路故障。

（3）检测过程记录

启动按钮相关电路如图 7-2 所示，分别测量 BCM 的 IP23/8 和 IP23/9 对地电压，正常在未按下启动按钮时 IP23/8 约为 0.8V，IP23/9 约为 8V，按下启动按钮后，IP23/8 变为约 0.4V，IP23/9 变为约 4V。该车两个启动按钮的信号线为冗余信号，只要有一个正常就可以工作。另外该车启动按钮内两个触点开关分别并联和串联一个电阻，串联的电阻电阻值约为 1.3kΩ，并联的电阻电阻值约为 3.4kΩ。当线路连接完好且启动按钮正常的情况下，未按下按钮时 IP23/8 和 IP23/9 分别通过两个电阻串联后接地，按下按钮后，3.4kΩ 的电阻被开关旁路，IP23/8 和 IP23/9 分别通过 1.3kΩ 的电阻后接地。如果将启动按钮的插头 IP46a 拔下，可测得 IP23/8 电压约为 1V，IP23/9 电压约为 11V。

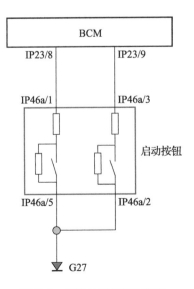

图 7-2　启动按钮相关电路图

BCM 的 IP23 插头如图 7-3 所示，如果 BCM 的 IP23/8 和 IP23/9 两个端子对地电压无论是否按下启动按钮都分别约为 1V 和 11V，下一步分别测量启动按钮上的 IP46a/1 和 IP46a/3 对地电压，如都是始终为 0V，说明 IP23/8—IP46a/1 及 IP23/9—IP46a/3 存在断路故障。如依然都是始终分别约为 1V 和 11V，下一步断开蓄电池负极，拔下启动按钮插头 IP46a（图 7-4），然后分别测量线路侧 IP46a/5 和 IP46a/2 对地电阻，如测得对地电阻都为无穷大，下一步测量 IP46a/5 和 IP46a/2 之间电阻，如电阻正常，说明故障点在中间节点到 G27 接地点之间。如果测量 IP46a/5 和 IP46a/2 对地电阻正常，下一步对启动按钮本身进行测量，分别测量按钮上 IP46a/1—IP46a/5 和 IP46a/3—IP46a/2 电阻，未按启动按钮时都应约为 4.7kΩ，按下启动按钮后都应约为 1.3kΩ，如测得电阻值为无穷大或明显偏大，说明启动按钮本身损坏。

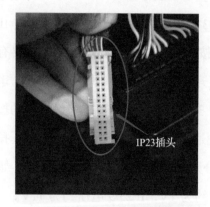

图 7-3 BCM 的 IP23 插头

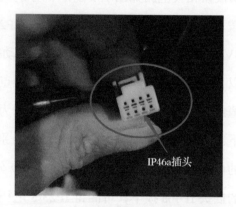

图 7-4 启动按钮的 IP46a 插头

接下来，我们以启动按钮相关部分的一个具体的故障点为例，来记录测量过程。

最终故障点：启动按钮接地线故障。启动按钮接地线故障测量表见表 7-1。

表 7-1 启动按钮接地线故障测量表

测试条件	测试对象	测试结果	结果判断
未做操作	IP23/8 对地电压	1V	异常
	IP23/9 对地电压	11V	异常
按下启动按钮	IP23/8 对地电压	1V	异常
	IP23/9 对地电压	11V	异常
断开蓄电池负极，拔下启动按钮插头 IP46a	IP46a/5 对地电阻	无穷大	异常
	IP46a/2 对地电阻	无穷大	异常
	IP46a/2—IP46a/5 之间电阻值	0Ω	正常

（4）小结

启动按钮或其线路故障，导致 BCM 无法接收上电请求信号，使得按下启动按钮后无任何反应。

2. IG1 继电器相关故障

（1）故障现象

①按下启动按钮后，仪表不亮，但危险警告灯闪烁。

②操作车窗开关，车窗可正常升降。

（2）诊断分析思路

①按下启动按钮后，仪表不亮，但危险警告灯闪烁，说明 BCM 已发出电源接通指令，但 IG1 及相关供电存在异常，BCM 与 VCU 无法完成防盗验证。

②操作车窗开关，车窗可正常升降，进一步确认工作电源已做出接通控制。

综上，可能的故障原因有：

① IG1 继电器及其线路故障。

② BCM 局部故障。

（3）检测过程记录

IG1 继电器相关电路如图 7-5 所示，操作上电后，测量 IG1 继电器的 87 号脚对地电压。正常应为 12V，如测得值为 0V，则下一步测量 IG1 继电器的 30 号脚对地电压。如为 0V，则进一步测量上游 SF12 熔丝电压。SF12 熔丝位于机舱熔丝盒，位置如图 7-6 所示。如测得 SF12 熔丝上游对地电压为 12V，下游对地电压为 0V，说明 SF12 熔丝存在故障。在更换熔丝之前，需要先确认下游线路是否存在对地短路故障。如果测得 IG1 继电器的 30 号脚对地电压为 12V，则下一步测量 IG1 继电器的 86 和 85 号脚之间电压。如为 12V，则关闭点火开关，拔下 IG1 继电器，测量继电器线圈电阻值，正常约为 78Ω，如测得电阻值明显异常，则更换 IG1 继电器；如测得线圈电阻值正常，则下一步将 IG1 继电器 86 和 85 号脚之间接通 12V 电源，测量 IG1 继电器 30 和 87 号脚之间电阻值，正常应为 0Ω，如测得电阻值异常，则更换 IG1 继电器。

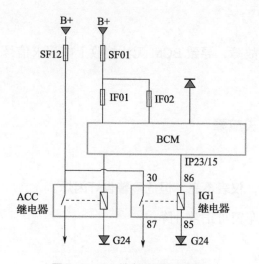

图 7-5 IG1 继电器相关电路图

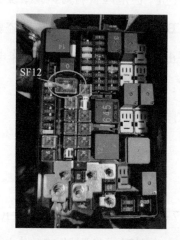

图 7-6 SF12 熔丝位置

接下来，我们以 IG1 继电器相关部分的一个具体的故障点为例，来记录测量过程。

最终故障点： IG1 继电器内部触点故障。IG1 继电器内部触点故障测量表见表 7-2。

表 7-2 IG1 继电器内部触点故障测量表

测试条件	测试对象	测试结果	结果判断
接通电源	IG1 继电器 /87 对地电压	0V	异常
	IG1 继电器 /30 对地电压	12V	正常
	IG1 继电器 86—85 之间电压	12V	正常
关闭电源，拔下 IG1 继电器	IG1 继电器线圈两端 86—85 之间电阻值	78Ω	正常
给 IG1 继电器线圈两端 86—85 之间接通 12V 供电	IG1 继电器 30—87 之间电阻值	无穷大	异常

（4）小结

IG1 继电器及其线路故障，导致相关部件无法接通工作电源，使得仪表无法点亮，并且由于防盗验证不通过，危险警告灯闪烁。

四　高压上电控制原理分析

踩下制动踏板同时按下启动按钮，BCM 在完成钥匙信号验证后控制接通 ACC 继电器、IG1 继电器、IG2 继电器等。IG1 继电器给传统低压部件及整车控制器（VCU）提供工作电源。VCU 获得工作电源后，通过 CAN 总线与 BCM 进行防盗验证，同时 VCU 通过 CAN 总线获取启动信号，当防盗验证通过并获取启动信号后，VCU 启动上高压控制。VCU 指令 BMS 上高压，BMS 自检无异常后执行上高压指令。

吉利帝豪 EV450 高压上电控制原理图如图 7-7 所示。

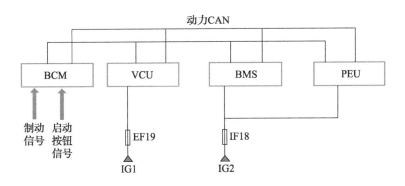

图 7-7　吉利帝豪 EV450 高压上电控制原理图

五　高压上电诊断分析思路

根据高压上电控制流程，需要 VCU 和 BCM 防盗验证正常，制动信号和启动信号正常，需要 VCU、BMS、PEU 等模块本身及其供电和通信正常。在对高压上电故障进行诊断时，除根据故障现象结合控制原理进行分析，还需要借助诊断仪读取相关故障码和数据流进行综合分析。

六　高压上电故障点分析

1. 主继电器相关故障

（1）故障现象

按下启动按钮后，电源可接通，无法上高压，仪表上"ready"指示灯不亮，同时系统故障灯点亮，如图 7-8 所示。

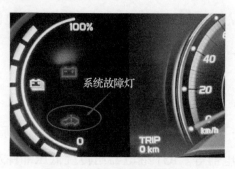

图 7-8　仪表系统故障灯点亮

（2）诊断分析思路

用诊断仪进行检测，VCU 存储"P1C0852　主继电器故障"等故障码，VCU 存储的故障码如图 7-9 所示。VCU 内数据流"ECU 供电电压"显示为 2V，如图 7-10 所示。正常情况下，上高压时，"ECU 供电电压"数据流应显示约 12V。

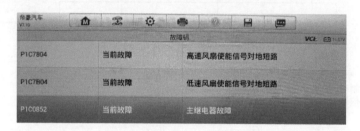

图 7-9　VCU 存储的故障码

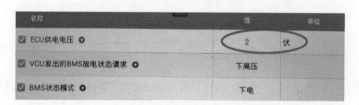

图 7-10　VCU 内"ECU 供电电压"等数据异常

根据上述故障码和数据流，从主继电器入手进行检测。

（3）检测过程记录

主继电器相关电路如图 7-11 所示，主继电器输出端通过三个端子连接到 VCU，接通电源后测量 EF10 熔丝对地电压。如测得 EF10 熔丝上游为 12V，下游为 0V，说明 EF10 熔丝损坏。在更换熔丝之前，需要先确认下游线路是否存在对地短路故障。如测得 EF10 熔丝上游对地电压为 0V，则下一步测量主继电器 87 号脚输出电压，如测得值为 0V，则下一步测量主继电器 30 号脚电压。如测得主继电器 30 号脚电压为 12V，则下一步测量主继电器的 85 和 86 号脚之间电压。如为 12V，则关闭点火开关，拔下主继电器，测量继电器线圈电阻值，正常约为 75Ω，如测得电阻值明显异常，则更换主继电器；如测得线圈电阻值正常，则下一步将主继电器 85 和 86 号脚之间接通 12V 电源，测量主继电器 30 和 87 号脚之间电阻值，正常应为 0Ω，如测得电阻值异常，则更换主继电器。如测得主继电器 85 和 86 号脚之间电压为 0V，下一步测量主继电器 85 号脚和 VCU 的 CA66/51 之间电压，如测得电压为 12V，说明主继电器 86 号脚到 VCU 的 CA66/51 之间线路存在断路故障。

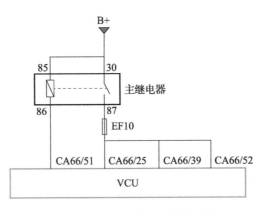

图 7-11　主继电器相关电路图

接下来，我们以主继电器相关部分的一个具体的故障点为例，来记录测量过程。

最终故障点：主继电器 86 号脚—VCU 的 CA66/51 线路断路故障。主继电器 86 号脚—VCU 的 CA66/51 线路断路故障测量表见表 7-3。

表 7-3　主继电器 86 号脚—VCU 的 CA66/51 线路断路故障测量表

测试条件	测试对象	测试结果	结果判断
接通电源	EF10 熔丝上游对地电压	0V	异常
	主继电器 87 号脚对地电压	0V	异常
	主继电器 30 号脚对地电压	12V	正常
	主继电器 85—86 之间电压	0V	异常
	主继电器 86—VCU 的 CA66/51 之间电压	12V	异常
关闭电源，拔下主继电器，拔下 VCU 的 CA66 插头	主继电器座 86—CA66/51 之间电阻值	无穷大	异常

（4）小结

主继电器及其线路故障，导致高压互锁等线路无法获得供电，使得高压不上电。

2. 高压互锁故障

（1）故障现象

按下启动按钮后，电源可接通，无法上高压，仪表上"ready"指示灯不亮，同时系统故障灯点亮。

（2）诊断分析思路

用诊断仪进行检测，VCU 存储"P1C4096 高压互锁故障"等故障码，VCU 存储的故障码如图 7-12 所示。VCU 内数据流"VCU 的高压互锁信号"显示为"故障"，如图 7-13 所示。正常情况下，"VCU 的高压互锁信号"应显示为"正常"。

图 7-12 VCU 存储的故障码

图 7-13 VCU 内"VCU 的高压互锁信号"等数据异常

根据上述故障码和数据流，从高压互锁线路入手检测。

（3）检测过程记录

高压互锁连接线路如图 7-14 所示，当高压互锁线路连接正常时，接通电源后，高压互锁线路上电压约为 4.3V。如测得 VCU 的 CA66/58 电压约为 12V，VCU 的 CA67/76 侧电压约为 1.3V，说明高压互锁线路存在断路故障。下一步可以使用电压法进行测量，也可以使用电阻法进行测量。如果使用电压法测量，可以找到中间相关插接点测量，根据电压变化判断具体断路范围。如果使用电阻法，同样可以找到中间相关插接点测量，根据电阻值变化判断具体断路范围。在实际测量中，可以以 BV01 和 CA58 转接插头为测量节点，分段缩小故障范围。BV01 和 CA58 转接插头位于机舱左前纵梁上，如图 7-15 所示。

接下来，我们以高压互锁相关部分的一个具体的故障点为例，来记录测量过程。

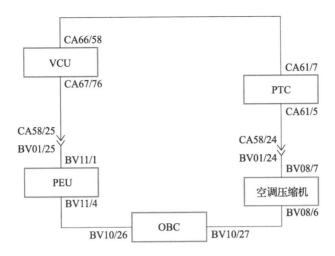

图 7-14　高压互锁连接线路图

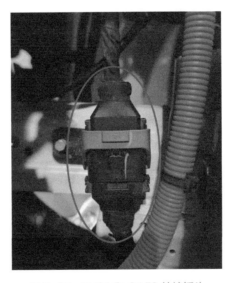

图 7-15　BV01 和 CA58 转接插头

最终故障点：PEU 的 BV11/4—OBC 的 BV10/26 线路断路故障。PEU 的 BV11/4—OBC 的 BV10/26 线路断路故障测量表见表 7-4。

表 7-4　PEU 的 BV11/4—OBC 的 BV10/26 线路断路故障测量表

测试条件	测试对象	测试结果	结果判断
接通电源	VCU 的 CA66/58 对地电压	12V	异常
	VCU 的 CA67/76 对地电压	1.3V	异常
关闭电源，断开蓄电池负极，拔下 BV01 和 CA58 转接插头	BV01/24—BV01/25 之间电阻值	无穷大	异常
拔下 PEU 的 BV11 和 OBC 的 BV10 插头	PEU 的 BV11/4—OBC 的 BV10/26 之间电阻值	无穷大	异常

（4）小结

高压互锁故障，导致高压不上电。

七 总结

吉利帝豪 EV450 低压上电部分以 BCM 为核心，接收启动按钮信号、钥匙信号、制动踏板信号等，输出 ACC 继电器、IG1 继电器等部件的控制信号，并发出上高压控制信息。高压上电部分以 VCU 为核心，在工作电源接通后，接收上高压控制信息，检查高压互锁等情况，并向 BMS 发送上高压指令。在检测维修过程中，要抓住这两个关键点，以此为中心，合理计划诊断步骤。

第八章

新能源新车型

技术概述

一 上汽大众 ID.4 X

上汽大众 ID.4 X 是一款纯电动运动型多功能汽车（SUV）车型，如图 8-1 所示，也是上汽大众旗下首款纯电动 SUV 车型，于 2020 年 11 月初上市，采用大众 MEB 平台（基于模块化电驱动平台）。对应的一汽大众 ID.4 CROZZ 车型技术上与其基本一致。上汽大众最新的 2023 款 ID.4 X 共五种配置版本，分别为纯净智享版、纯净长续航版、智享长续航版、极智长续航版、劲能四驱版。以其中主流的长续航版为例，纯电续驶里程 607km，快充时间 0.67h，慢充时间 12.5h。驱动电机最大功率 150kW，最大扭矩 310N·m，驱动电机采用后置模式。动力电池采用宁德时代的三元锂电池，电池冷却采用水冷方式，电池能量 83.4kW·h，能量密度 175W·h/kg，耗电量 14.6kW·h/100km。

图 8-1　上汽大众 ID.4 X 车型外观

1. 电气系统

（1）电源控制

1）电源控制功能总览，如图 8-2 所示。

2）启动车辆，如图 8-3 所示。

电源由网关 J533（ICAS 1）和车身控制系统 J519 控制。J533 承担主要功能，防盗系统集成在 J533，而 J519 则负责读取启动按钮并激活接线端 15 继电器。

除了已知的车辆状态（例如接线端 S 和接线端 15），还实现了"Comfort Ready"（舒适模式就绪）状态。该状态允许驾驶员在启动开关关闭时操作车内的信息娱乐系统和空调。当驾驶员座椅上的座椅占用传感器识别到重量时，便会激活 Comfort Ready。汽车钥匙无须留在车内。激活时可以听到高压电路闭合的声音。组合仪表中显示"欢迎驾驶员"信息。

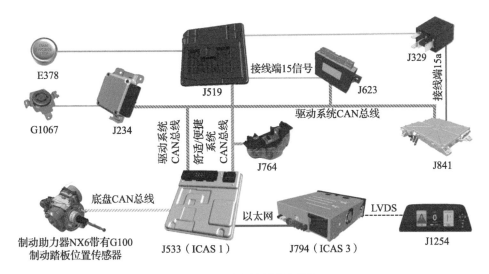

图 8-2　电源控制功能总览

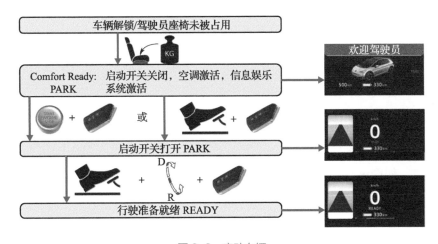

图 8-3　启动车辆

有两种激活启动开关的方法：通过按下启动按钮或通过踩下制动踏板。通过按下启动按钮的方式时，通过舒适/便捷 CAN 将驾驶员打开启动开关请求信号发送给 J533。通过踩下制动踏板的方式时，通过底盘 CAN 将驾驶员打开启动开关请求信号发送给 J533。组合仪表中的显示切换为标准视图，此外所有指示灯都会短暂亮起。"PARK"字样用于告知驾驶员驻车制动器已激活。

为了生成行驶准备就绪状态，驾驶员必须踩下制动踏板并选择一个行驶档。此时组合仪表上会显示"READY"字样。当驾驶员将脚从踏板上移开时，车辆开始缓慢移动。

工作电源接通的具体控制过程，如图8-4所示。

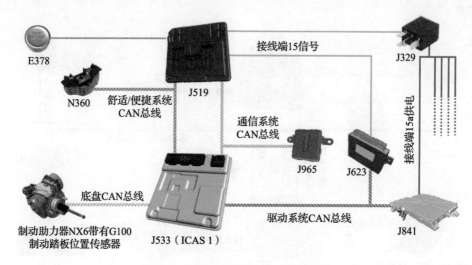

图8-4　工作电源接通的具体控制过程

通过启动按钮方式：按下启动按钮E378→启动按钮信号发送给J519→J519将该信号发送给J533→J533指令J965识别钥匙→J965通过天线激活钥匙→钥匙将信号发送给J519→J519发送给J533→J533确认后指令J519接通工作电源。

通过制动踏板方式：踩下制动踏板→制动踏板信号发送给J533→J533指令J965识别钥匙→J965通过天线激活钥匙→钥匙将信号发送给J519→J519发送给J533→J533确认后指令J519接通工作电源。

工作电源由J519通过三种方式进行输出，分别是通过J329继电器、通过单线、通过CAN总线，如图8-5所示。

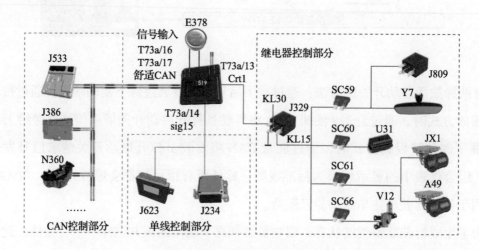

图8-5　工作电源三种输出方式

行驶准备就绪的具体控制过程，如图 8-6 所示。

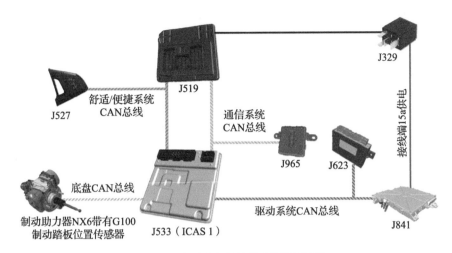

图 8-6　行驶准备就绪的具体控制过程

踩下制动踏板／挂入档位信号发送给 J527 →制动踏板和档位两个信号均发送给 J533 → J533 指令 J965 识别钥匙→ J965 通过天线激活钥匙→钥匙将信号发送给 J519 → J519 发送给 J533 → J533 确认后通过所有数据总线发送信息"接线端 50 激活"，进入行驶准备就绪状态。

3）离车方案，如图 8-7 所示。

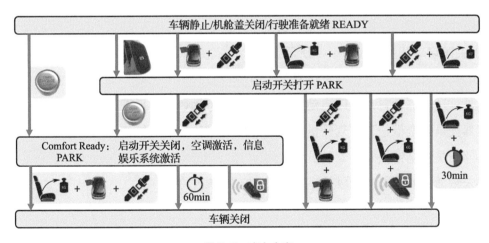

图 8-7　离车方案

MEB 平台车辆采用无噪声电机，并标配有单稳态行驶档位传感器和无钥匙启动系统。这些情况要求与之相匹配的离车方案。为此组合了多个关闭条件，以确保车辆正确停放并且无法自行移动。

尽管接线端 S 的功能（信息娱乐系统的电源）由 Comfort Ready 接管，但仍会在

MEB 的测量值块中列出。它与接线端 15 或 Comfort Ready 同时关闭。

图 8-7 仅适用于未激活 Auto Hold（自动驻车功能）的情况。Auto Hold 还可以强化关闭条件。

4）关闭行驶准备就绪状态，如图 8-8 所示。

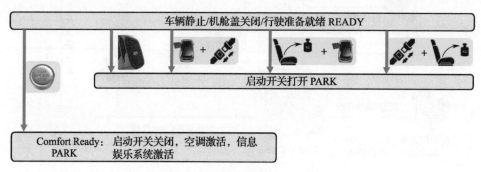

图 8-8　关闭行驶准备就绪状态

行驶结束后，可以通过按下启动按钮或驻车制动按钮来关闭行驶准备就绪状态。

此外，还会执行防溜车功能，如果同时出现以下三种状态中的两种状态，则会关闭行驶准备就绪状态并激活驻车制动器：

①驾驶员车门打开。

②驾驶员安全带松开。

③驾驶员座椅未占用。

退出行驶准备就绪状态时，驻车制动器会自动激活。

5）关闭启动开关，如图 8-9 所示。

驾驶员可以通过按下启动按钮来关闭启动开关，车辆切换为 Comfort Ready 状态。

此外，还有三种自动关闭启动开关的方法。为此必须满足下列关闭条件：

①驾驶员安全带松开，驾驶员座椅未占用且驾驶员车门打开。

②驾驶员安全带松开，驾驶员座椅未占用且车辆锁止。

③未激活任何诊断且驾驶员座椅超过 30min 未占用。

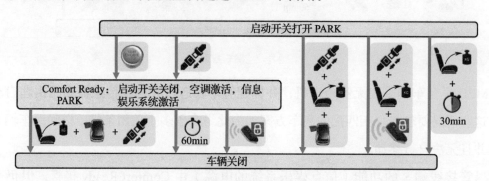

图 8-9　关闭启动开关

当满足以下关闭条件之一时，将退出 Comfort Ready 状态：

①驾驶员安全带松开，驾驶员座椅未占用且驾驶员车门打开。

②车辆锁止。

③ Comfort Ready 激活超过 60min。

除了所列出的关闭条件外，电源管理系统也可以关闭启动开关或 Comfort Ready，这种情况发生在 12V 蓄电池电量不足时。

（2）车载 12V 低压电网

如图 8-10 所示，在 ID.4 X 中，通过动力电池的水冷式变压器 A19 为 12 V 车载电网供电。12 V 蓄电池的参与对于启动过程至关重要。车辆锁止时，动力电池与高压电路断开。在启动过程中，动力电池首先借助 12 V 蓄电池连接到高压电路。因此，无法启动 12 V 蓄电池放电状态的电动汽车。

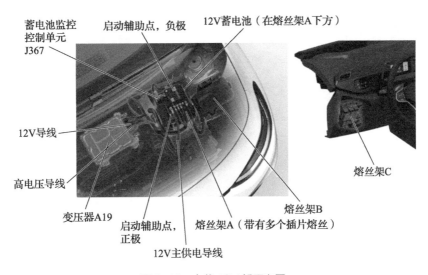

图 8-10　车载 12V 低压电网

ID.4 X 有三个熔丝架，分别为机舱熔丝架 A 和熔丝架 B、仪表板熔丝架 C。熔丝架 A 上的熔丝在电路图中标识为 SA，熔丝架 B 上的熔丝在电路图中标识为 SB，熔丝架 C 上的熔丝在电路图中标识为 SC。熔丝架 A、熔丝架 B、熔丝架 C 分别如图 8-11、图 8-12、图 8-13 所示。

网关 J533 控制车辆低压和高压电源管理系统，对于高电压电源管理系统来说，12V 车载电网的能源需求始终具有最高优先权，因为 12V 车载电网必须有足够的电压才能运行高电压系统。因此，一旦激活高电压系统，将始终通过 DC/DC 变换器为 12V 车载电网提供保护。低压供电和充电框架如图 8-14 所示。

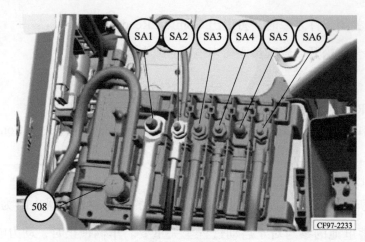

图 8-11 熔丝架 A

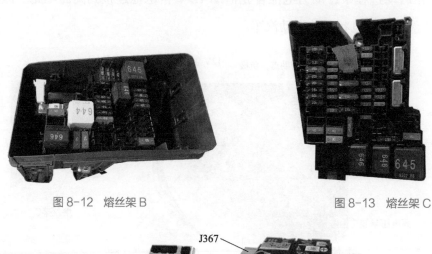

图 8-12 熔丝架 B

图 8-13 熔丝架 C

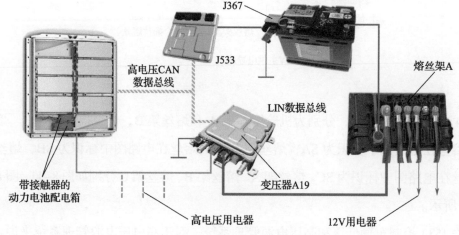

图 8-14 低压供电和充电框架

（3）车辆网络和防盗系统

1）车辆网络。如图 8-15 所示为 ID.4 X 车辆控制单元网络，包含以太网、局域

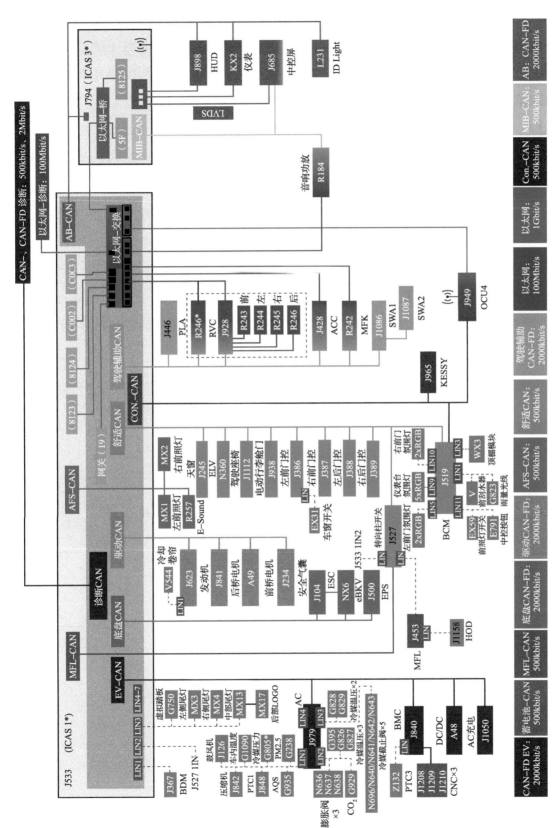

图 8-15　车辆控制单元网络

互联网（LIN）、多路 CAN 总线等。CAN 总线主要包括驱动 CAN、舒适 CAN、EV-CAN、底盘 CAN、驾驶辅助 CAN、诊断 CAN 等，其中诊断 CAN 单独一路，用来与外部诊断仪进行连接。所有 CAN 网络均为高速 CAN，其中有几路使用 CAN-FD 协议，FD 表示灵活数据速率。与使用数据传输阶段相比，在仲裁和确认阶段采用了不同的数据速率，每条消息的使用数据量从 8 字节扩展到 64 字节。消息帧以 500kbit/s 的速率传输，而使用数据部分以 2000kbit/s 的速率传输，其余 CAN 网络传输速率 500kbit/s。不同网络之间通过网关 J533 中转后实现数据交换。

2）防盗系统。如图 8-16 所示，ID.4 X 采用了第 5 代防盗锁止系统（WFS）。WFS 是最高级别的安全系统，可防止车辆被盗。组件保护（KS）可防止组件被盗或是更容易跟踪被盗的组件。由于引入了 ICAS 中央计算机，因此 WFS 的主控制器现在也安装在数据总线诊断接口 J533 中，就像之前的组件保护主控制器一样。由于是电动汽车，因此发动机控制单元 J623 取消了其 WFS 功能，该功能由电驱动装置控制单元 J841 承担。

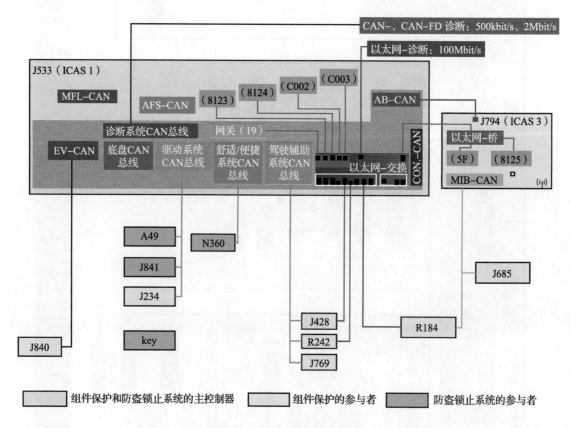

图 8-16　第 5 代防盗锁止系统

2. 高压电系统

（1）高压电组件控制单元网络

高压电组件控制单元网络如图 8-17 所示，发动机控制单元 J623（需要说明的是，ID.4 X 是纯电动汽车，没有发动机部件，但在电路图中 J623 保留了发动机控制单元的名称，J623 主要接收加速踏板等信号）和电机控制单元 J841 等连接在驱动 CAN 总线上。充电控制单元 J1050、变压器 A19、动力电池调节控制单元 J840 等连接在 EV-CAN 总线上。

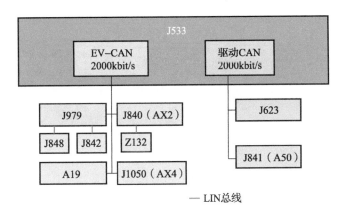

图 8-17　高压电组件控制单元网络

（2）高压电路结构

高压电路主要结构如图 8-18 所示，动力电池充电插座 UX4 和电驱动装置 JX1 在动力电池 AX2 外部各一个单独的插接口，另一个插接口引出后分别连接动力电池充电装置 AX4、变压器 A19、压缩机 VX81、高电压加热装置（PTC）ZX17、加热元件 Z132 等。可以看到 UX4 有两路高压连接，分别连接到动力电池 AX2 和动力电池充电装置 AX4，

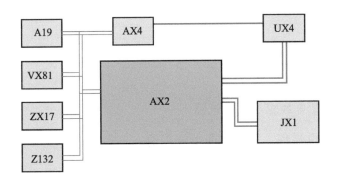

图 8-18　高压电路主要结构

其中直接连接到动力电池 AX2 的一路用于直流充电，连接到动力电池充电装置 AX4 的一路用于交流充电。

高电压来源于动力电池 AX2，动力电池内部模组如图 8-19 所示。

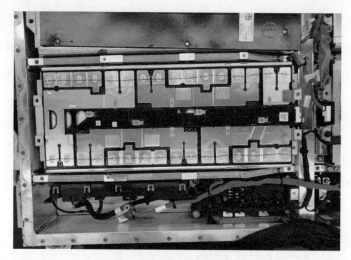

图 8-19　动力电池内部模组

模组结构如图 8-20 所示，结构为 2P8S。实测模组电压 28.36V，单个电芯电压 3.545V，如图 8-21、图 8-22 所示。

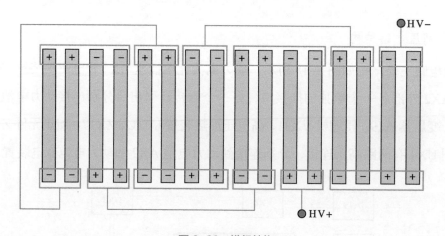

图 8-20　模组结构

（3）高压系统断电和重新启动流程

1）高压系统断电流程。在启动断电流程前，必须建立行驶准备就绪状态以将所有相关系统从总线休眠中唤醒。检查驾驶员信息系统控制及显示单元 J1254 中的符号。

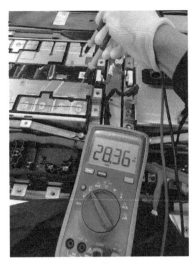

图 8-21　实测模组电压　　　　　　图 8-22　实测单个电芯电压

操作步骤：

①启动诊断仪，进入控制单元诊断界面，如图 8-23 所示。

②选择"HBM_8C"，单击鼠标右键，选择"引导型功能"，单击"008C- 测量值"后选择"执行"，勾选"IDE07227 高压系统电压"并单击"确定"跳转至测量值界面，单击"开始更新"，记录当前高电压值。单击"停止更新"，选择"确定"退出读取测量值。

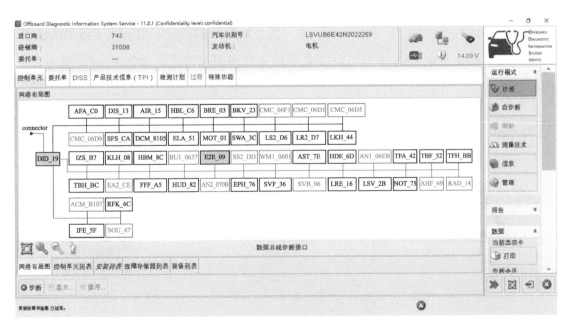

图 8-23　控制单元诊断界面

选择"HBL_C6"，单击鼠标右键，选择"引导型功能"，单击"00C6 读取测量值"

后选择"执行",勾选"IDE09039 高电压充电器当前输出电压"并单击"确定"跳转至测量值界面,单击"开始更新",记录当前高电压值。单击"停止更新",选择"确定"退出读取测量值。

选择"ELA_51",单击鼠标右键,选择"引导型功能",单击"0051 读取测量值"后选择"执行",勾选"IDE00637 中间电路电压"并单击"确定"跳转至测量值界面,单击"开始更新",记录当前高电压值。单击"停止更新"选择"确定"退出读取测量值。

选择"DCM_8105",单击鼠标右键,选择"引导型功能",单击"8105 读取测量值"后选择"执行",勾选"IDE09125 牵引电源电压 DC/DC 变换器"并单击"确定"跳转至测量值界面,单击"开始更新",记录当前高电压值。单击"停止更新",选择"确定"退出读取测量值。

③确认并记录以下测量值:

电驱动装置控制单元 J841 电压:374.4V;

蓄电池调节控制单元 J840 电压:375.0V;

动力蓄电池充电器控制单元 J1050 电压:373.0V;

变压器 A19 电压:374.9V。

④将提示牌"危险电压 VAS 6649"和"禁止开关 VAS 6650"放到车上显眼的位置,将提示牌"禁止充电 VAS 6871"放在充电插座的显眼位置上,如图 8-24、图 8-25、图 8-26 所示。

图 8-24 VAS 6649

图 8-25 VAS 6650

图 8-26 VAS 6871

⑤关闭点火开关。断开高电压系统保养插头 TW(低电压保养断开装置)。将高电压系统保养插头 TW 用锁锁住,防止重新接通。妥善保管钥匙。必要时拔下散热器风扇的熔丝。检查驾驶员信息系统控制及显示单元 J1254 中的符号。

⑥启动诊断仪，读取断开高电压系统保养插头 TW 后的测量值，进入控制单元诊断界面，如图 8-27 所示。

选择"HBM_8C"，单击鼠标右键，选择"引导型功能"，单击"008C- 测量值"后选择"执行"，勾选"IDE07227 高压系统电压"并单击"确定"跳转至测量值界面，单击"开始更新"，记录当前高电压值。单击"停止更新"，选择"确定"退出读取测量值。

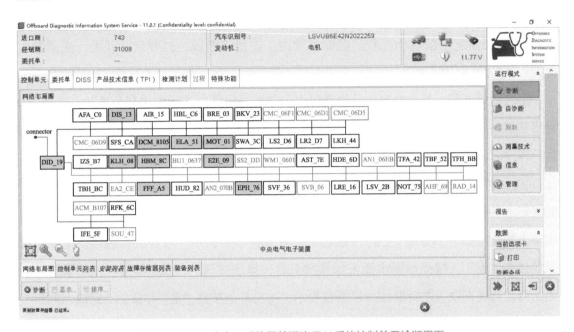

图 8-27　断开高电压系统保养插头 TW 后的控制单元诊断界面

选择"HBL_C6"，单击鼠标右键，选择"引导型功能"，单击"00C6 读取测量值"后选择"执行"，勾选"IDE09039 高电压充电器当前输出电压"并单击"确定"跳转至测量值界面，单击"开始更新"，记录当前高电压值。单击"停止更新"，选择"确定"退出读取测量值。

选择"ELA_51"，单击鼠标右键，选择"引导型功能"，单击"0051 读取测量值"后选择"执行"，勾选"IDE00637 中间电路电压"并单击"确定"跳转至测量值界面，单击"开始更新"，记录当前高电压值。单击"停止更新"，选择"确定"退出读取测量值。

选择"DCM_8105"，单击鼠标右键，选择"引导型功能"，单击"8105 读取测量值"后选择"执行"，勾选"IDE09125 牵引电源电压 DC/DC 变换器"并单击"确定"跳转至测量值界面，单击"开始更新"，记录当前高电压值。单击"停止更新"，选择

"确定"退出读取测量值。

⑦确认并记录以下测量值：

电驱动装置控制单元 J841 电压：10V 以下；

蓄电池调节控制单元 J840 电压：10V 以下；

动力蓄电池充电器控制单元 J1050 电压：10V 以下；

变压器 A19 电压：10V 以下。

⑧完成车辆高压断电。

2）高压系统重新启动流程。前提条件为：连接诊断仪，打开启动开关，变速器档位挂入 P 位。

①启动诊断仪，进入控制单元诊断界面。选择"HBM_8C"，单击鼠标右键，选择"引导型功能"，单击按钮"重新启用高电压"并执行。单击按钮"完成/继续"，以继续执行程序。

②后续按照诊断仪的提示，包括资格查询、检测前提条件、必备辅助工具、应遵守的规定、各高压组件是否已正确连接等，在确保已按诊断仪提示完成操作的情况下，逐项单击按钮"是"和按钮"完成/继续"，直到操作到提示"现在必须连接高电压系统保养插头 TW"，按提示要求插入保养插头后，单击按钮"完成/继续"，然后打开和关闭启动开关两次。之后继续按诊断仪提示，逐项单击按钮"是"和按钮"完成/继续"，直到显示车辆的高电压系统成功重新启用。

二 比亚迪海豚

比亚迪海豚是一款纯电动小型两厢乘用车，如图 8-28 所示，是比亚迪海洋系列其中一款车型。比亚迪车型有王朝系列和海洋系列。比亚迪王朝系列包括汉、唐、秦、宋、元等，比亚迪海洋系列包括海豹、海豚、驱逐舰等。比亚迪海豚首款车型于 2021 年 8 月底上市，基于比亚迪全新 e 平台 3.0 打造，搭载比亚迪刀片电池，共四种配置版本，分别为 301km 活力版、405km 自由版、405km 时尚版、401km 骑士版。以 405km 版本为例，新欧洲驾驶循环（NEDC）纯电续驶里程 405km，快充时间 0.5h，驱动电机最大功率 70kW，最大扭矩 180N·m，驱动电机采用前置模式，动力电池采用磷酸铁锂电池，电池冷却采用水冷方式，电池能量 44.9kW·h，能量密度 140W·h/kg。

图 8-28　比亚迪海豚车型外观

1. 电气系统

（1）智能钥匙系统

智能钥匙系统框图如图 8-29 所示，智能钥匙系统集成在左域（即左车身域控制器）。简要控制过程为：门把手或启动按钮信号发送给左域，左域通过其所控制的天线发送低频信号激活钥匙，钥匙发送高频信号，该信号被高频接收模块接收后，高频接收模块将该信号发送给左域。左域确认钥匙合法后，控制相应的解锁 / 落锁或上电。

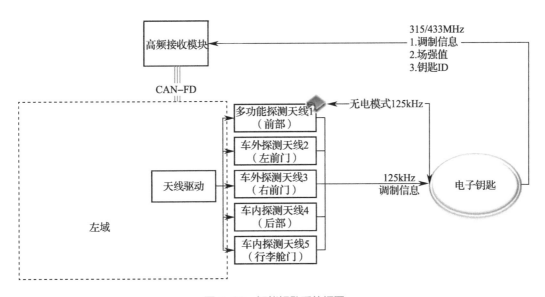

图 8-29　智能钥匙系统框图

（2）车辆网络

比亚迪海豚车辆网络分车身网、底盘网、AI网，网关同样集成在左域。各部分网络系统框图如图8-30、图8-31、图8-32所示，车身网主要包括组合开关、无线充电模块、旋转电机、多功能显示屏、时钟弹簧等；底盘网主要包括集成式智能前驱总成、启动型铁电池、集成电控制动（IPB）系统、管柱式电动助力转向系统（CEPS）、EPB、安全气囊系统（SRS）、压缩机、多媒体主机、换档面板等；AI网主要包括左外后视镜、多媒体主机（PAD）、多功能显示屏、多媒体2.1等。每一路网络都与诊断口相连，但诊断仪与车辆的诊断路径只通过底盘网相连，车身网与AI网与诊断口连接的部分可用于在诊断口进行测量。另外，车身网和AI网在外部分别有单独的终端电阻。

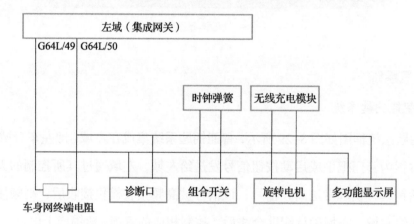

图 8-30　车身网系统框图

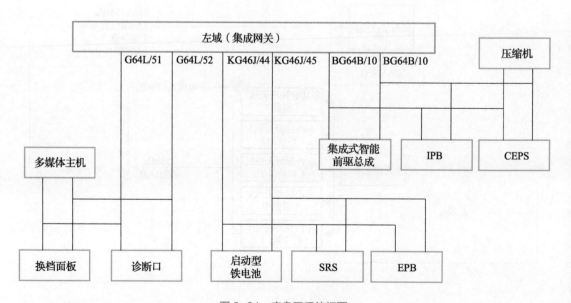

图 8-31　底盘网系统框图

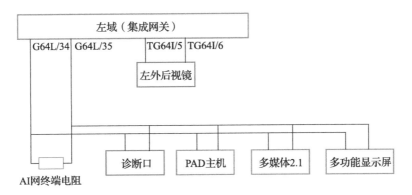

图 8-32 AI 网系统框图

2. 高压电系统

（1）高压组件

比亚迪海豚高压组件视图如图 8-33 所示，基于 e 平台 3.0 打造。集成式智能前驱总成，又称八合一电机总成，将驱动电机、驱动电机控制器、减速器、高压配电箱、DC/DC 变换器、车载充电机、整车控制器以及电池管理器全部整合集成为一个整体。动力电池采用刀片电池，电池与车身底盘一体化。

图 8-33 比亚迪海豚高压组件视图

（2）集成式智能前驱总成

集成式智能前驱总成系统框图如图 8-34 所示，充电口、电池包与集成式智能前驱总成相连，加速踏板信号发送给集成式智能前驱总成，集成式智能前驱总成通过底盘网与左域相连，与车内其他系统进行数据交换。

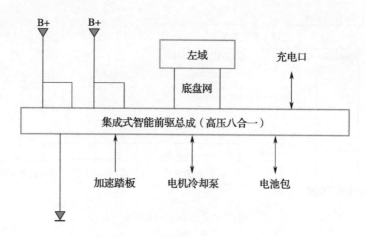

图 8-34　集成式智能前驱总成系统框图

（3）刀片电池

刀片电池是比亚迪于 2020 年 3 月发布的电池产品，如图 8-35 所示。刀片电池使用磷酸铁锂电池，在材料上没有大的变化，但通过结构和工程技术创新，通过对电芯的厚度减薄，并增大电芯的长度，将电芯进行扁长化设计。在同样的空间内装入更多电芯，相较传统电池包，刀片电池体积利用率得到大幅度提升，达到了三元锂电池的同等水平。

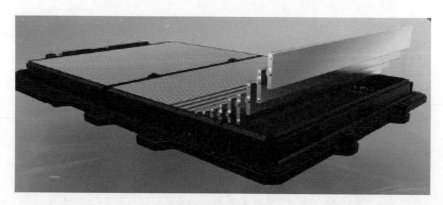

图 8-35　刀片电池

一直以来，磷酸铁锂电池和三元锂电池作为汽车动力电池，在性能上有其各自的优势，三元锂电池能量密度高，续驶里程长，但高能量密度也带来了不稳定因素，相比磷酸铁锂电池，三元锂电池热失控导致电池起火的风险更大。相应的，磷酸铁锂电池虽然安全性相对来说比三元锂电池高，但能量密度低。刀片电池在提高能量密度的同时，安全性也同步兼顾，通过了电池安全测试——针刺测试，并成功挑战了极端强度测试，在体积能量密度与三元锂电池持平的情况下，安全性表现远优于三元锂电池。另外，刀片电池还具有高功率密度，能够为纯电动汽车提供更强劲的动力输出和加速能力。

目前刀片电池分单串刀片电池、多串刀片电池和多串方块电池，如图 8-36 所示。

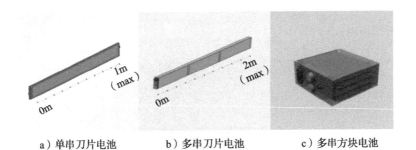

a）单串刀片电池　　b）多串刀片电池　　c）多串方块电池

图 8-36　刀片电池种类

多串刀片电池内部结构如图 8-37 所示。

多串方块电池内部结构如图 8-38 所示。

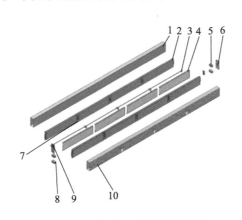

图 8-37　多串刀片电池内部结构

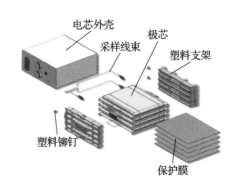

图 8-38　多串方块电池内部结构

1—电芯外壳　2—极芯　3—采样线束
4—保护膜（内）　5、7、8—绝缘件
6—底部盖板　9—顶部盖板　10—保护膜（外）

三　华晨宝马 i3

华晨宝马 i3 是一款纯电动中型乘用车，如图 8-39 所示，也是华晨宝马旗下首款纯电动乘用车，首款车型于 2022 年 3 月底上市，沿用原德国宝马 i3 的名称。原德国宝马 i3 为小型车，配备纯电动和增程式两种车型。全新华晨宝马 i3 搭载第 5 代 eDrive 动力技术，车型整体风格基于 3 系来打造，中国轻型汽车行驶工况（CLTC）纯电续驶里程 526km，快充时间 0.58h，慢充时间 6.75h，驱动电机最大功率 210kW，最大扭矩 400N·m，驱动电机采用后置模式。其动力电池采用宁德时代的三元锂电池，电池冷却采用水冷方式，电池能量 70kW·h，能量密度 138W·h/kg。

华晨宝马 i3 开发序列号 G28，车型系列属于 3 系车型，商品名称 i3 eDrive35L，后轮驱动，型号代码 81BE。

图 8-39　华晨宝马 i3 车型外观

1. 电气系统

（1）车载 12V 低压电网

低压 12 V 蓄电池和联合充电单元（CCU）安装在机舱中的机组支架上，如图 8-40 所示。机组支架通过螺栓与车身接地连接。为 12 V 车载网络供电的 DC/DC 变换器位于联合充电单元中。只要高压存储器范围内的电动机械式接触器闭合，50 A·h 的吸附式玻璃纤维隔板（AGM）蓄电池就会以相应车载网络电压为其供电。DC/DC 变换器此时调节 12 V 车载网络中的电压，让 12 V 蓄电池最佳充电。DC/DC 变换器根据蓄电池的电量和温度设置约为 14 V 的电压。DC/DC 变换器的接地输出端以绝缘方式安装在联合充电单元壳体上。

（2）车辆高压部件 CAN 网络

车辆高压部件 CAN 网络如图 8-41 所示，网关集成在主域控制器内，通过 CAN-FD 网络，连接电机电子装置、联合充电单元、动力电池单元，网络为串联结构。

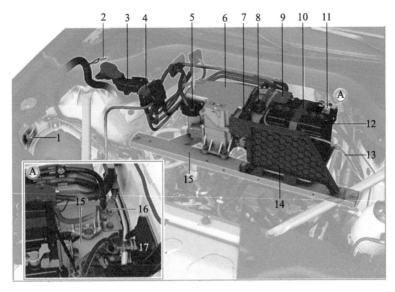

图 8-40　车载 12V 低压电网

1—车身接地　2—救援分离点　3—机舱配电器　4—蓄电池正极接线柱　5—低压车载网络接口
6—联合充电单元（CCU）　7—12V 供电负极（DC/DC 变换器输出端）　8—12V 供电正极（DC/DC 变换器输出端）
9—安全蓄电池接线柱　10—蓄电池支架　11—智能型蓄电池传感器　12—12V 蓄电池（50A·h，AGM）
13—排气管　14—蓄电池隔热件　15—机组支架　16—车身接地（CCU 负极导线）　17—车身接地（蓄电池负极导线）

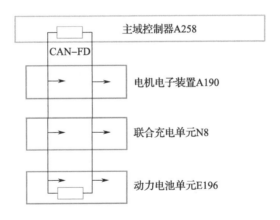

图 8-41　车辆高压部件 CAN 网络

2. 高压电系统

（1）高压电路结构

高压电路主要结构如图 8-42 所示，动力电池单元 E196 提供高压电，通过两路输出，一路去往电机电子装置 A190 后给电机 M177 供电；一路去往联合充电单元 N8 后，分别连接到前部充电接口 X578a、空调压缩机 A192、电控辅助加热器 E186、动力电池单元电控辅助加热器 E552。

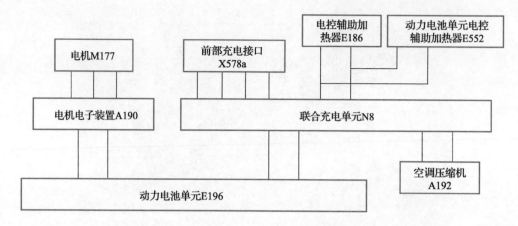

图 8-42　高压电路主要结构

（2）高压系统主要部件介绍

1）动力电池单元。动力电池单元如图 8-43 所示。动力电池单元用于吸收、存储和准备电动驱动装置和高压车载网络的电能。动力电池由多个电池单元模块组成，而电池单元模块则带有相应的多个单格电池。电池单元模块串联连接。动力电池有四个双电池单元模块。动力电池单元大面积地安装在前桥和后桥之间的车辆底板上。

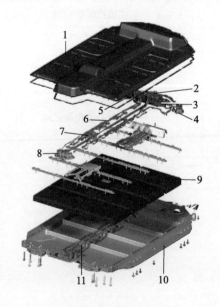

图 8-43　动力电池单元

1—壳体盖　2—存储器电子管理系统（SME）　3—电池监控电子设备
4—直流充电高压接口　5—电气化驱动单元高压接口　6—电线束　7—分隔元件
8—高压接线板　9—双电池单元模块　10—壳体槽　11—冷却液管

2）电驱动单元。电驱动单元如图 8-44 所示，主要包括电机电子伺控系统（EME）、电机、转子位置传感器、油模块、高压插头、变速器和驻车锁止模块、低压电线束、冷却系统等。

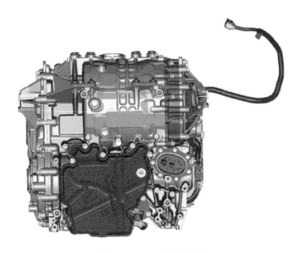

图 8-44　电驱动单元

3）联合充电单元。联合充电单元如图 8-45 所示，是主要用于为动力电池单元充电的控制单元。联合充电单元中总共集成了 3 个 AC/DC 变换器和 1 个 DC/DC 变换器。以下高压组件与联合充电单元相连：动力电池、2 个电控辅助加热器、电动空调压缩机。联合充电单元可提供 11 kW 的交流电充电以及直流电充电。

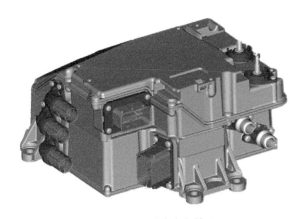

图 8-45　联合充电单元

4）电动空调压缩机。电动空调压缩机如图 8-46 所示，冷暖空调的控制单元是主控制单元。主控制单元通过 LIN 总线与空调压缩机的电子控制装置通信。电子控制装置和变压器均整合在空调压缩机的壳体之中，通过流经的制冷剂对这两者进行冷却。在电子控制装置中分析主控制单元的请求，变压器将直流电压转变成交流电压，利用交流电压驱动空调压缩机。

图 8-46　电动空调压缩机

5）电控辅助加热器。电控辅助加热器如图 8-47 所示，华晨宝马 i3 有两个电控辅助加热器，分别用于加热车厢内部和加热动力电池。用于加热车厢内部的电控辅助加热器借助加热螺旋体按需加热车厢内部加热循环回路中的冷却液。此时，以间歇方式控制加热螺旋体。通过 LIN 总线，电控辅助加热器将出口的冷却液温度以及电流消耗输出至冷暖空调的控制单元。在冷暖空调控制单元中，根据不同的信号生成一个针对电控辅助加热器的百分比功率请求，并将其传输到 LIN 总线。用于加热动力电池的电控辅助加热器借助加热螺旋体按需加热动力电池单元加热循环回路中的冷却液。此时，以间歇方式控制加热螺旋体。通过 LIN 总线，电控辅助加热器将出口的冷却液温度以及电流消耗输出至联合充电单元。在联合充电单元中，视不同的信号，按百分比生成对动力电池单元电控辅助加热器的功率要求，并传输到 LIN 总线上。

（3）高压系统的打开和关闭

联合充电单元（CCU）通过总线信号请求启动，通过自诊断功能检测高压系统，高压系统主要由 CCU 和存储器电子管理系统（SME）进行检测。高压负极导线接触器闭合，高压系统中的电压通过预充电电路增大，带电阻的预充电电路与正极接触器并行。现在，预充电电路启动，受电阻限制的接通电流为中间电路电容器充电。当中间电路电容器的电压大约达到蓄电池电压值时，正极接触器闭合。高压正极导线接触器闭合，预充电电路打开。

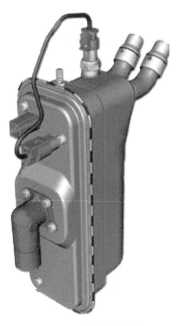

图 8-47　电控辅助加热器

高压系统的关闭分为常规关闭和快速关闭。常规关闭时，主要起到保护电气部件和检查高压系统的作用。例如，当电流强度降到接近 0A 时，才应打开电动机械式接触器触点接头，否则会施加高负荷。

出于安全考虑，高压系统的电压必须尽快降到无危险值时，必须快速关闭高压系统：

①事故。根据事故的严重程度，碰撞辅助控制单元将脉冲负载参数发生变化的按脉冲宽度调制的信号发送至动力电池单元中的 SME。然后，SME 引燃高压电源负路径中的两个燃爆式熔丝以及燃爆式放电装置，以使中间电路电容器快速放电。该过程大约在 3ms 后完成，这是使高压系统断电的最快方法。与燃爆式熔丝相比，打开电磁接触器需要更长的时间才能中断动力电池单元的供电。

②过电流和短路监控。动力电池的高电压负路径中有一根过电流熔丝（150 A 标称电流强度），在过电流熔丝的并联电路中有一根燃爆式熔丝。借助动力电池单元中的电流传感器监控高压车载网络中的电流强度，该电流传感器位于 SME 中。如果检测到过高或不可信的电流强度，则 SME 控制单元将启动燃爆式熔丝的点火装置。之后，电流只流经过电流熔丝，当有相应电流时，过电流熔丝会断开电路。

③临界状态，如单格电池上的低电压、过压或温度过高。

高压组件在内部安装的电容器中存储电能。为了确保在高压系统关闭后或在故障情况下在较短时间内将高压电路中存储的能量放电，集成了两种类型的放电：

①被动放电。每次离开车辆后，高压系统接触器会在一段时间后打开，并且中间电路电容器会通过电机电子伺控系统（EME）和 CCU 中的并联电阻被动放电。中间电路电容器被动放电过程最多持续 120s。

②主动放电。如果在高压系统运行期间检测到故障，则高压系统会主动关闭。这借助于电机中的转子线圈来进行。打开动力电池单元中的接触器后，EME 的 DC/DC 变换器中的电子部件将中间电路电容器的高压传导至电机的转子线圈。中间电路电容器主动放电过程最多持续 4s。